René Schickele
Liebe und Ärgernis des D. H. Lawrence

Schickele, René: Liebe und Ärgernis des D. H. Lawrence
Hamburg, SEVERUS Verlag 2013
Nachdruck der Originalausgabe von 1935

ISBN: 978-3-86347-593-2
Druck: SEVERUS Verlag, Hamburg, 2013

Der SEVERUS Verlag ist ein Imprint der Diplomica Verlag GmbH.

Bibliografische Information der Deutschen Nationalbibliothek:
Die Deutsche Nationalbibliothek verzeichnet diese Publikation in der Deutschen Nationalbibliografie; detaillierte bibliografische Daten sind im Internet über http://dnb.d-nb.de abrufbar.

© **SEVERUS Verlag**
http://www.severus-verlag.de, Hamburg 2013
Printed in Germany
Alle Rechte vorbehalten.

Der SEVERUS Verlag übernimmt keine juristische Verantwortung oder irgendeine Haftung für evtl. fehlerhafte Angaben und deren Folgen.

RENÉ SCHICKELE

LIEBE UND ÄRGERNIS
DES
D. H. LAWRENCE

MIX
Papier aus verantwortungsvollen Quellen
Paper from responsible sources
FSC® C105338

D. H. LAWRENCE

INHALT

PORTRÄT 7
KRIEG 17
DIKTATUR 32
REVOLUTION 50
MOBILMACHUNG DER GÖTTER . . . 66
HUITZILOPOCHTLI 83
MABEL 100
LETZTER ABEND 125

PORTRÄT

Auf einem magern Hals erhob sich ein schmaler Kopf, an dem die hübsch abgerundeten, gleichsam gesitteten Faunsohren auffielen.

Das ovale, von der Krankheit ausgemergelte Gesicht mit der geraden fleischigen Nase und der nicht hohen, aber sehr schönen Stirn (seitlich fiel eine Haarsträhne hinein und gab ihr einen artigen Akzent) war von rötlichem Haarwuchs umrahmt, der vom Kopf an den Ohren vorbeilief und in einen kleinen Spitzbart endete. Zwischen Spitzbart und dem mit ihm zusammengewachsenen Schnurrbart schaute ein Mund hervor: klein, schmal und wie gesalbt mit einer merkwürdig sinnlichen Klugheit. Die Lippen waren etwas vorgeschoben, wie wenn sie leise für sich summten. In den blauen Augen schwamm ein Funken, der die Farbe wechselte. Der Blick beunruhigte und bannte.

Man konnte sich den Kopf gut in Porzellan vorstellen, mit einem Licht darin, das ihn matt erhellte und hinter der gläsernen Iris das Augenspiel in Gang hielt. Es war etwas von einem Proletarier an ihm und von einem Marquis. Von rächerischer Leidenschaft, die ihr Opfer sucht, und gefeiltester

PORTRÄT

Feinheit. Vom kämpfenden Zauber, dem „Auge der Venus, das die Gegner selbst bestrickt und blind macht", von der „Magie des Extrems, der Verführung, die alles Aeusserste übt" — und von einem in Blumen und Tiere verliebten Schäfer.

David Herbert Lawrence wurde 1885 in Eastwood (Nottingham) geboren und starb 1930 in Vence (französische Riviera). Seit seinem Tode ist das Interesse für sein Werk, mehr noch für seine Person ständig gewachsen. Besonders eifrig betätigen sich die Sonntagsangler der Psychoanalyse. Wenn man das Wort, der Ruhm sei gemeinhin nichts als eine Missverständnis, in Ansatz bringt, haben sie allerdings leichtes Spiel. Lawrence gilt für den literatur- und salonfähigen Pornographen. Er schrieb und malte manches, was der Polizei der alten wie der neuen Welt nicht gefiel. Es gab Skandale um ihn, und die lockten wie immer Schaulustige an. (Von seiner Malerei wollen wir schweigen. Es ist ein grässliches Zeug, „verwilderter Böcklin" griffe schon zu hoch).

Er schlug stark zu, um verstanden zu werden, und umso stärker, je mehr er sich verkannt glaubte. Manchmal scheint er nach der Vorschrift Gotama Buddhas gehandelt zu haben: „Lasst eure Sünden sehn vor den Leuten und versteckt eure Tugenden". Er ist aber selten soweit gegangen, die

PORTRÄT

Grenzen des guten Geschmacks hinter sich zu lassen, mögen jene, denen der Rüssel von Finderglück zuckt, auch das Gegenteil behaupten. (Wiederum von seiner Malerei zu schweigen!) Er hatte zwei sehr grosse, sehr seltene Tugenden: Wahrhaftigkeit und Tapferkeit — wovon die erste der Schlüssel aller Tugenden ist.

Leider fehlte ihm der Humor. Er wurde leicht zornig, und wenn er zornig war, begann er zu schäumen. So besteht sein Werk zur einen Hälfte aus Pamphleten, zur andern aus Gesängen. In beiden Teilen gibt es Trüffeln genug für schnuppernde Rüssel. Man rechnet ihn zu denen, durch die das Ärgernis in die Welt kam, und wirft es ihm vor, die einen vom sittlichen Standpunkt, die andern von dem des Geschmacks. Aber wenn durch einen Mann wie Lawrence Ärgernis in die Welt kommt, dann heisst es Mabel Dodge und ist ein Satyrspiel (weshalb es auch nötig sein wird, die Sache an ihrem Platz ausführlich zu behandeln).

Kannte Lawrence die Freudsche Lehre? Obwohl er einige Schriften über das Unbewusste verfasste, leugnen seine Freunde, dass er sich ernsthaft mit Freud und seiner Schule befasst habe. Er selbst sagt in einem Brief: ,,Freud? Jung? Nein!" Die Psychoanalyse war ein ,,Stern, der für eine Sekunde mit seiner Flamme" seine ,,Seele durchbohrte" und verschwand. Was man übrigens

PORTRÄT

für Spuren Freudschen Einflusses halten möchte, findet sich in seinen frühesten Romanen, als davon zeitlich noch gar nicht die Rede sein konnte.

Am Anfang seines Lebens steht die überschwengliche Liebe der Mutter, die er auf seine vertrackte Art erwiderte. Sie war eine feine Kleinbürgerin, die sich in einen Trunkenbold verliebte und sich ihr Lebtag für ihren Fehlgriff an dem Manne rächte. Sie hielt sich für eine Lady und war es auch bis zu einem gewissen Grade. Der Mann war ein guter Tänzer, ein Prolet und Leichtfuss, mit dem bischen Grazie gewann er sie. Die ganze Familie liebte den Tanz und verstand sich darauf. Die Schwestern vergötterten den Jungen. Eine „fürchterliche Kindheit", in der Erinnerung wohl schlimmer als in Wirklichkeit, denn die Geschwister hielten zusammen, schufen sich ihre eigene Welt und wussten sich darin zu behaupten. Der Roman „Söhne und Liebhaber" (1913) gibt darüber Auskunft. Er enthält im Keim das ganze spätere Werk — bis zum Versprechen des göttlichen Doppelgestirns, das er, oh Wunder! noch über Mexiko leuchten sah: Ketzalkoatl, Herr der beiden Wege, zeigt dir die Richtung, Huitzilopochtli in seiner phallischen Unbändigkeit führt dich in den Tod und durch ihn hindurch unter den Stern des neuen Morgens und

PORTRÄT

öffnet dir die Tür des Lebens.... Schon in diesem frühen Roman ,,Söhne und Liebhaber" erhebt sich die erste und letzte Klage seines bewussten Lebens über den Schrecken der ,,grenzenlosen Nacht, die der Tag erweckt und für eine Weile erregt, die aber wiederkehrt und schliesslich für immer bleiben wird mit allem, was sie in ihrem Schweigen und ihrer lebendigen Finsternis verbirgt.... Und er, der Mensch, nichts als ein Häuflein Fleisch, das sich aufrichtet, weniger als eine verlorene Ähre im Kornfeld! Von allen Seiten schien das unendliche, schwarze Schweigen über ihn herzufallen, um den kleinen Funken in ihm zu ersticken — und dennoch, er, der fast nichts war, er liess sich nicht auslöschen".

Denn der Mensch, der nur Mensch sein will, ist mehr als ein Mensch! Nietzsches Blitz auf dem Weg nach Damaskus, die rettende Erleuchtung, dass das Leben als ein Mittel der Erkenntnis gelebt werden könne, als ein Experiment des Erkennenden, hat Lawrence nicht minder feurig getroffen. Von ,,Söhne und Liebhaber" führt der Weg in gerader Linie zum Höhepunkt der ,,Gefiederten Schlange".

Kein Wunder, dass ein erotisches Phänomen von solcher Kraft und Ergiebigkeit die Neugier anlockt. Lawrence schrieb nicht nur, wie er von sich sagt,

PORTRÄT

mit der gleichen Inbrunst, mit der er eine Frau umarmte, auch seine oberflächlichen Berührungen waren bei aller Kurzfristigkeit äusserst nachdrücklich. („Seine einzige tiefe und dauerhafte Beziehung war die zu seiner Frau", bemerkt Huxley). Die Briefe zeigen es — bis zur Komik.

Fast jeder von ihnen ist ein Muster dramatischer Überredungskunst, oft eine Gewalttat, mancher ein Naturereignis, eine wahre „Tempesta".

Selten bleibt es bei der zarten Liebeswerbung, mit der Lawrence gern anfängt, es fällt ihm schwer, nicht bis zum hochdramatischen Auftritt mit anschliessender Bezwingung des Partners vorzudringen. Gesellschaftlich hochstehenden Frauen kommt der Liebhaber, als der er sich zu jeder Stunde und gegenüber jeder anziehenden Erscheinung erweist, mit Vorliebe als Kanzelredner. Es dauert nicht lange, da widerhallt die Kirche von Stürmen ketzerischer Worte, der Puritanertempel füllt sich mit Statuen von Heiligen beiderlei Geschlechts, die die Beine und Arme verrenken und die Augen verdrehn wie im liebestollsten Barock. Solang er sich an die Gemeinde heranpirscht, ist er äusserst amüsant. Der kirchliche Beigeschmack wird fatal, wenn er gewissen Damen auf den Leib rückt. Da riecht es gleichzeitig nach Weihrauch und nach Mann. Ob er sich gleich „katholischer" Mittel zu seinen Bekehrungen bedient, bleibt er dennoch

PORTRÄT

im Tiefsten Puritaner — ein Puritaner des Fleisches, der gegen den Geist eifert, man hört ihn „moralisch grunzen". Er streitet mit demagogischen Mitteln gegen die Demagogie und ruft auf weltläufige Art zur Weltflucht auf. Er bekämpft den Teufel mit Beelzebub, der Satan selbst könnte nicht beredter sein als er, wenn er mit dem „Augenfunkeln des Zornes" gegen Satan predigt.

So behext er auch seine Freunde, manchmal bevor sie noch seine Freunde sind. Aldous Huxley erzählt von seinem ersten Zusammentreffen mit ihm. Sie tranken Tee, und Lawrence entwickelte dem spröden, mit allen Wassern der Enzyklopädie gewaschenen, durch und durch ironisch veranlagten jungen Mann seine Lieblingsidee von der Gründung einer Kolonie. Während der andre auf ihn einsprach, wusste Huxley mit aller Bestimmtheit, dass der Plan nie ausgeführt würde. „Doch gab es irgend etwas, schwer zu Bezeichnendes in Lawrence, das eine solche Gewissheit in seiner Gegenwart merkwürdig unwirksam machte". Sie waren mit ihrem Tee noch nicht fertig, da hatte Huxley schon seine Mitwirkung zugesagt. „Lawrence konnte alles sagen, sogar offenbar Unsinniges, es fiel wenig ins Gewicht. Wichtig war nur Lawrence selbst, das Feuer, das in ihm brannte, und das so seltsam und so prachtvoll aus allem strahlt, was er schrieb.... Mit ihm zu

PORTRÄT

sammen zu sein bedeutete, bis an die Grenze menschlicher Erkenntnis entrückt zu werden".

Kraft seiner Inbrunst war er ein derartiger Versucher und Verführer, dass er die Materie selbst für überredbar und verführbar hielt. ,,Irgendwie", meint Huxley, ,,in dieser oder jener Form glaubte Lawrence an Magie". Deshalb nennt er ihn einen ,,mystischen Materialisten".

Die Bezeichnung scheint mir in ihrem Widerspruch richtig. Aus dem gleichen, in sich geschlossenen, in sich selbst gegensätzlich wirkenden Widerspruch besteht Lawrence, besteht sein Werk und ihre phantastische Einheit. Der Liebes- und Unterwerfungstrieb kann sich bis zu Selbstlosigkeit steigern. Was sollte es anders sein als reine Schau, wenn er, wie Huxley ebenfalls erzählt, auf Spaziergängen ,,aus eigener Erfahrung zu wissen schien, was es bedeutete, ein Baum zu sein oder ein Gänseblümchen oder eine Meereswoge, die sich überstürzt, oder sogar der geheimnisvolle Mond!" Es kann nichts anders sein, weil in ihm etwas noch stärker ist als der verkehrte Puritaner, nämlich der Künstler. Nicht nur in seinen Werken, auch in den Briefen steht im Vordergrund der aufziehenden ,,Tempesta" der Hirt mit der Schalmei, wie auf dem gleichnamigen Gemälde des Giorgione in Venedig.

PORTRÄT

Huxley leitet eine notwendige Revision des Urteils über Lawrence ein, wenn er im Vorwort zu dessen „Ausgewählten Briefen" (es ist von einer scharfen und anmutig eiligen, einer tänzerischen Klugheit wie alles, was Huxley macht) den Sonntagsanglern der seelischen Tiefseeforschung mit dem Hinweis entgegentritt, dass Lawrence vor allem *Künstler* war, dass es garnicht möglich ist, anders über Lawrence zu schreiben als über den Künstler Lawrence, der von sich sagte: „Man muss so ungeheuer gläubig sein, um Künstler zu sein . . ." Hätte Lawrence nicht das Genie des Dichters, er wäre ein Narr, und man könnte es den Narren überlassen, sich mit ihm zu beschäftigen. Seine Biographie erklärt nicht sein Werk, umgekehrt erklärt das Werk zum grossen Teil sein Leben. So ist es. Auch um die Briefe zu verstehn, muss man das Werk kennen und zwar das Buch, an dem er gerade arbeitet. Der Blickpunkt, der das Buch bestimmt, bestimmt die Ansicht der Ereignisse, die Art und den Grad der Gefühle, von denen der Brief handelt. Lawrence vermag die Dinge nicht anders zu sehn als im Hinblick auf das Buch, das ihn beschäftigt. Wenn er sich verteidigt oder ausfällig wird, verteidigt er und rechtfertigt (vielleicht nur vor sich selbst) das Buch. Seine Sucht zu eifern ist die Eifersucht auf alles und jedes, was sich dem Buch widersetzen will. Der Empfänger aber weiss

PORTRÄT

es nicht, und Lawrence kommt in den Ruf eines bissigen Hundes, der sich mit Vorliebe die Beine seiner Freunde aussucht.

Der Fanatismus des grossen Künstlers hat eine verfluchte Aehnlichkeit mit dem Fanatismus des Dilettanten, und leider ist es nicht nur so, dass nur dieser von jenem unwiderstehlich angezogen wird, nein, sie ziehn sich gegenseitig an. Daher gewisse, schwerverständliche Freundschaften.

KRIEG

Am 13. Juli 1914, erfahren wir aus einem Brief, verheiratet sich Lawrence im Kensingtoner Rat, haus mit Frieda v. Richthofen. (Er ist ihr zweiter Mann). Juli und August vergehn über Besorgungen und Wohnungssuche. Am 5. September erwähnt er zum erstenmal den Krieg.

Er nennt ihn eine ungeheure Idiotie. ,,Welch niederträchtige Welt!", ruft er aus. Damit ist der Ton angeschlagen, in dem er fortan über das ent, scheidende Ereignis seines Lebens sprechen wird. Der Krieg trennt ihn von England. ,,Er war ver, worfen wie das Gerippe eines gestrandeten Schiffes, das über die Erde treibt. Er war ohne Volk und ohne Land".

Als Sohn eines Bergarbeiters, der für kurze Zeit Schullehrer wurde, fühlte er sich der Arbeiter, klasse zugehörig (konnte es aber nach eigenem Geständnis nicht ertragen, dass ein Arbeiter die Hand auf seine Schulter legte und ,,Mein Alter" zu ihm sagte). Er unterhielt Beziehungen zu den ,,Fabiern", sozialistischen Intellektuellen um G. B. Shaw, Sidney Webb und H. G. Wells. Der Krieg trennt ihn von seiner Klasse. Arbeiter und Gentle, men lassen sich von der gleichen ,,Welle ver,

KRIEG

brecherischer Leidenschaft ergreifen", gemeinsam setzen sie „eine Schreckensherrschaft unter einer Handvoll Rohlingen" ein, die von 1916 bis 1919 das Land regieren. Sie lehren ihn „die Angst vor der gemeinen, niederziehenden Pöbelbehörde", die Angst, „um nicht zu sagen das Entsetzen vor der demokratischen Gesellschaft, dem Pöbel". Die Worte finden sich in einem Kapitel des Romans „Känguruh" (erschienen September 1923), einem eingeschobenen, nicht unbedingt zur Handlung gehörenden Kapitel, das „*Der Alpdruck*" heisst und auf gewaltige, manchmal gewalttätige Weise die Kriegserlebnisse des Dichters zusammenfasst. Es enthält alles, was wir andrerseits darüber aus den Briefen erfahren, ohne dass die Erlebnisse in der Zwischenzeit die Farbe der Unmittelbarkeit eingebüsst hätten. Es enthält alles in einer end﹤ giltigen, die private Mitteilung weit überragenden Form. Die Briefe wiederum bestätigen die per﹤ sönliche Glaubwürdigkeit der künstlerischen Ge﹤ staltung in den winzigsten Einzelheiten, und so möge im Folgenden das eine das andre abwechselnd beleuchten.

Nun verhält es sich nicht etwa so, als ob der Krieg aus Lawrence etwas gemacht hätte, was er ohne ihn nicht geworden wäre. Wie bei allen gros﹤ sen Naturen kommen die äusseren Ereignisse

KRIEG

seiner Veranlagung entgegen, die Heftigkeit seines Temperaments scheint die Heftigkeit der Ereignisse geradezu herbeizurufen, und die Katastrophe übernimmt die Rolle der Wehmutter. Werfen wir rasch einen Blick zurück!

Schon in einem Brief vom Juni 1910 ergibt er sich in sein Schicksal. Er hat sich oft Vorwürfe gemacht, weil er, der instinktiv gegen alle Disziplin aufbegehrt, seine Schüler wegen Verstösse gegen das Schulgesetz bestrafte. Wie kommt gerade er dazu, darüber in Zorn zu geraten? ,,Jetzt sage ich mir: wenn der Zorn kommen will mit seinen funkelnden Augen, so mag er kommen! ... Er ist einer der Erzengel mit dem Flammenschwert. Gott hat ihn gesandt, es übersteigt meine Erkenntnis''. (Bald darauf zwang ihn eine tuberkulöse Erkrankung, die Lehrerstelle zu räumen). Im selben Jahr beklagt er sich, dass er den Kontakt mit den ,,forstschrittlichen'' Kreisen (er setzt das Wort in Anführungszeichen) verloren habe. ,,Die Sozialisten sind so dumm und die Fabier so unbedeutend .... Ich halte bei meinem millionsten Fluch!''

Einige Monate später fragt er sich, ob seine Träume das Ergebnis seiner Gedanken oder die Gedanken das Ergebnis seiner Träume seien. Jedenfalls sind es die Träume, die aus den unbestimmten Taggedanken die logischen Folgerungen ziehn.

KRIEG

„Eine grässliche Empfindung, seinem eigenen Dämon, wenn ich so sagen darf, nicht entfliehen zu können, seinem Verhängnis oder sonst etwas Ähnlichem. Es entsetzt mich, dass meine eigenen Urteile mir gegen meinen Willen von innen aufgezwungen werden. Aber ich kann es nicht ändern". In einem der folgenden Briefe (1912) stossen wir auf eine Definition dessen, was er seine „grosse Religion" nennt: „Der Glaube, dass das Blut, das Fleisch weiser sind als der Verstand. Mit dem Geist können wir irren. Was jedoch das Blut empfindet und glaubt und sagt, ist immer wahr". Im Sommer des gleichen Jahres verbringt er entzückte Tage mit seiner späteren Frau in Bayern. Er liebt sie so, schreibt er an eine Freundin in England, wie er es nicht sagen kann. Er wusste bisher nicht, was Liebe ist, und wie herrlich und über alle Begriffe gut die Welt sein kann. „Man kann niemals, niemals, niemals im voraus wissen, was Liebe ist — niemals. Das Leben *kann* gross, ja göttlich sein . . . . Gott sei Dank habe ich es erfahren". Und Frieda will „fort aus Europa und einen unzivilisierten Ort bewohnen". So gut verstehn sie sich bereits! Schon sind seine Frau und er auswechselbare Gestalten, wie sie es in allen seinen späteren Werken sein werden.

„Merkwürdig, wie barbarisch einen die Liebe macht. Man befindet sich im *Hinterland der See-*

KRIEG

le" (deutsch im Text), ,,es ist verblüffend. Ich wusste garnicht, dass ich so beschaffen bin. Was für elende Kerle sind doch die Engländer, die das grosse Wildfeld ihrer Natur eifersüchtig einzäunen". Seine kleine pathetische Traurigkeit, seine Sanftmut sind verflogen, er ist erstaunt, was er alles in sich entdeckt. ,,Die Sonne scheint — wir werden gleich darin baden". Und auch die Kämpfe haben begonnen. Er glaubt nicht an die Tragik von Tristan und Isolde. Die wahre Tragik ist der innere Kampf zwischen denen, die sich lieben, ein Kampf, aus dem das grosse Wissen entspringt.... Lawrence wird noch oft von den ,,mörderischen Seelenkämpfen" zwischen sich und Frieda sprechen, was dasselbe heisst wie: mit sich selbst. Die Kämpfe mit ihr sind Selbstzerfleischungen, die einem neuen Menschen den Weg öffnen, Selbstverbrennungen, denen der Phönix eines neuen Lebens entsteigt.... Anfang und Ende dieser Liebe, die sein ganzes, erfülltes Leben ist, stehn im Sinnbild des Phönix.

Die anderthalb Jahre nach der Hochzeit (die eine ,,sehr würdige und sehr anständige Feier" war) verbrachte das Paar in London und dessen Umgebung. Im Dezember 1915 bezogen die beiden ein kleines Haus an der Küste von Cornwall.

KRIEG

Wüssten wir nicht, wie folgerichtig das Schicksal sie führt, könnte man die Wahl des neuen Wohnortes als einen schlimmen Fehler beklagen. Sicher wäre Lawrence in London unbehelligter geblieben. Das peinliche Aufsehn, das das Verbot des „Regenbogens" wegen Unsittlichkeit hervorrief, wäre im Kriegslärm der grossen Stadt untergegangen (selbst wenn diejenigen recht gehabt hätten, die in der „Unsittlichkeit" des Romans lediglich einen Vorwand für die Bestrafung des Kriegsgegners erblickten.) Statt dessen kam es in der Einsamkeit der Cornwaller Küste zu einem politischen Skandal. Denn nirgends ist man der Kontrolle so ausgesetzt wie auf dem Land. Die Andersartigkeit wirkt als Herausforderung, und in Krisenzeiten steigert sich der Verdacht, der sich gegen den Einzelgänger richtet, bis zur Gewissheit des Verrats. Im gutmütigsten Bauern und Fischer erwacht der Menschenjäger.

Die Leute in Cornwall bildeten keine Ausnahme. Das kleine Haus, worin das Ehepaar Lawrence wohnte, gewann eine unheimliche Anziehung für sie. Ihre Einbildungskraft stürzte sich darauf wie ein Wespenschwarm auf faulendes Obst. Lawrence machte kein Hehl aus seinem Abscheu gegen den Krieg, auch blieb es nicht lange ein Geheimnis, dass seine Frau Deutsche war. Die Polizei kam und das Militär, er musste wiederholt den Trauschein vorzeigen, er durfte nachts das Haus nicht ver-

KRIEG

lassen, er musste die Fensterläden schliessen und jede Ritze verhängen. Die Besuche, die Briefe, die er empfing, zeigten den sittlichen Verfall des Landes. Kluge, anständige Menschen begannen mörderische Gemeinplätze zu plappern, Aristo´ kraten des Geistes erlagen der Massensuggestion, die nichts anders war als die staatlich geforderte Gemütsverfassung von Verfolgungswahnsinnigen und Mördern.

Als Asquith stürzte und Lloyd George in die Regierung eintrat, lief Lawrence aus dem Haus und trieb sich einen halben Tag auf der Heide herum. Während er ausschritt, hörte er eine Stimme, die aus der Erde zu kommen schien: ,,Es ist das Ende Englands! Alles ist zu Ende! Nie wie´ der wird England England sein!" Das Jahr 1915 bezeichnete für ihn das Ende der alten Welt. Im Winter 1915 auf 16 brach der Geist des alten Lon´ don zusammen, die City, er wusste nicht wie, ging zugrunde, sie verlor ihre bisherige Bestimmung als Mittelpunkt der Welt, und an ihrer Stelle erhob sich ein ,,Wirbel von Leidenschaften, Unzucht, Hoffnungen, Furcht und Schrecken. Die Redlich´ keit Londons ging vor die Hunde, und es begann die allgemeine Verluderung, die unsägliche Ge´ meinheit der Presse und der öffentlichen Meinung, die Herrschaft jener von Hochmut geschwellten Niedertracht, die John Bull heisst".

KRIEG

Frieda in ihrer löwenhaften Art bekämpfte John Bull bei der Milchfrau so gut wie bei den Geheimpolizisten, eine Frau macht darin keinen Unterschied, Lawrence musste ihr gelegentlich den Mund verbieten. Er indess, der Engländer war („Engländer vor aller Welt und sogar England genüber") liess es sich nicht nehmen, mit dem Ingrimm eines Leoparden zwischen den Leuten herumzustreichen, er zeigte ihnen ein höhnisch geblecktes Gebiss und peitschte mit dem Schweif. Aus Trotz sass er nachts mit Frieda im verdunkelten Haus und sang deutsche Volkslieder. Wenn ein Geräusch draussen die Anwesenheit von Lauschern verriet, erhoben sie die Stimme. Er verabscheute das preussische Militär, das er aus eigener Anschauung kannte — aber abgesehn davon, dass die deutschen Volkslieder nicht auf preussischen Kasernenhöfen gewachsen sind, galt sein Hass mehr noch als der preussischen Kriegsmaschine einer Zeit, die alle Völker zu Wilden machte, ,,in der die nichtswürdigsten Instinkte der Menge losgelassen wurden, hauptsächlich diejenigen der ,Gentlemen', um einen alleinstehenden, unabhängigen Menschen zu foltern, wie die Menge von je die Einzelnen und Unabhängigen gefoltert hat".

Freilich, die ,Gentlemen' hatten es nicht leicht, ,gentlemen' zu bleiben. In London, im ganzen

KRIEG

Land herrschte eine Atmosphäre des Schreckens, schlimmer als in Russland, wo schon im Frieden niemand den Mund zu öffnen wagte. Aber jetzt und hier waren es die untersten Volksschichten, die die höchsten ausspionierten, *um sie zu sich herabzuziehn*. Da begriff Lawrence, ,,was es heisst, in einem Dauerzustand geteilter Furcht zu leben: der Furcht vor der verbrecherischen Menge und vor der verbrecherischen Regierung. In jenen Jahren, die dem Sturz von Asquith folgten, wurde die Folter regelmässig angewandt, um die seelische Selbständigkeit eines jeden zu brechen, der sich weigerte, mit der verbrecherischen Meute zu jagen. Verlangt wurde, dass ein Mensch sich mit ihr gleichstelle, dass er in sich das Gefühl für das Wahre, das Gerechte, für die Menschenwürde unterdrücke, und dass er heule gleich einem entsetzlichen, schmutzigen Hund, dass er mit grossem Aufwand belle, bis von seinem ekelerregenden Kinnbacken der Geifer herabfloss". (Dem Tier werden wir später wieder begegnen. Es ist der ,,Graue Hund".).

Mit solchen Worten machte Lawrence sich Luft, und so stehn sie ungebrochen und rasseln fliegend mit ihren Schwingen in dem ,,Alpdruck",Kapitel des ,,Känguruh". ,,Was für schreckliche Jahre waren das: 1916, 17, 18, 19, Jahre, in denen das Böse getan ward. Jahre, da die Welt ihre echte Männ,

KRIEG

lichkeit einbüsste. Nicht, weil es ihr an Mut
fehlte, dem Tod zu begegnen. Es fehlte ihr nicht
am grossartigen Mut, dem Tod ins Gesicht zu
sehn. Aber niemand brachte den Mut auf, der
eigenen Seele die Stirn zu bieten und nach seinem
Gewissen, seinem eigenen Willen zu handeln. Es
war leichter, sich zu opfern, so viel leichter!..."
Wir sehn Lawrence allein oder mit seiner Frau an
der Küste entlang streichen und von den Klippen
Umschau halten, die verkörperte Verzweiflung
zwischen Himmel und Erde, in einer Einsamkeit,
die dadurch nur grösser wird, dass beamtete und
andre Spione hinter ihm herschleichen. Sie suchen
herauszubekommen, wie er es anstellt, den deut⸗
schen Unterseebooten Unterschlupf zu gewähren
oder das Vaterland sonstwie hinterrücks zu er⸗
dolchen.

Die allgemeine Wehrpflicht rief ihn in die
Kaserne, und er verbrachte dort eine Nacht mit
40 andern Männern, von denen zu seinem mass⸗
losen Erstaunen nicht ein einziger sich als verur⸗
teilter Verbrecher vorkam, nicht ein einziger die
Bitternis der Scham und der Erniedrigung emp⸗
fand. Als untauglich entlassen, erklärte er, wohl zur
Kaserne zurückkehren zu wollen, falls man ihn
wieder riefe, aber unter keinen Umständen zu
dienen. Er schreibt es nach der Musterung seinen

KRIEG

Freunden, es steht mit ähnlichen, aber sehr gefestigten Worten im „Alpdruck"-Kapitel. „Er wollte nicht in das Heer eintreten, weil sein tiefster Instinkt widerstrebte". Sein Gewissen, fügt er hinzu, widerstrebe nicht (womit er auf die „consciencious objectors" anspielt). Es war der Kriegsgeist, der abgründige Massengeist, den er niemals billigen konnte. „Der Kriegsgeist macht mich zu einer Einheit", schreibt er an Lady Cynthia Asquith, „zu einer besonderen Wesenheit ohne wirkliche Beziehung zu dem übrigen — eine Beziehung hat aber wirklich zu sein, es ist eine Frage der Lebendigkeit, nicht des Seins. In Kriegszeiten ist mein Wesen völlig in sich geschlossen, und alles, was ich tue, strebt dahin, diese Wesenheit von der übrigen Welt loszulösen".

Wenn er liebt, befindet er sich in geradem Gegensatz zum Prinzip des Krieges. Triumphiert der Krieg, kann er nicht lieben. Triumphiert die Liebe, gibt es keinen Krieg. Die Liebe ist der schöpferische Frühling, der Krieg der verwesende Herbst. Die Gefahr, dass wir über der Zerstörung, die wir dauernd ausüben, die schöpferische Kraft in uns einbüssen, ja, sie ausdrücklich zerstören, ist ungeheuer. „Wir erleben zuviel Zerstörung, wir erleben nichts mehr als Zerstörung; wir beteiligen uns zu sehr an der Zerstörung. Unsere Zivilisation verfault, unsere Welt ist in Auflösung be-

KRIEG

griffen. Wenn das so weiter geht, wird jeder von uns eine abgetrennte Einheit und der Rest eine gestaltlose Masse wie Sand, unfruchtbar, hoffnungslos, nutzlos, ein abgestorbener Baum. Der Krieg ist ein Vorgang nationaler Auflösung, und dieser Vorgang der Verwesung ist allmählich ein so weitverbreitetes Seelenübel geworden, dass es das Denkvermögen überschwemmt und uns in einer Weise beherrscht, die an Unbewusstheit grenzt". Er will fort — nach Amerika, schreibt er an Lady Cynthia Asquith, und ,,versuchen, eine neue Schule zu gründen, dort drüben den Keim einer neuen Schöpfung zu legen". Er hat den Eindruck, als ob so etwas dort schon vorhanden sei, und er will sich anschliessen. Lady Ottoline Morrell gegenüber ist er weniger bestimmt. Er gesteht ihr, dass er verrückt wird bei dem Gedanken, nirgends hinzukönnen, weil es eine neue Welt nicht gibt. Er möchte nach Tibet oder Kamtschatka oder Tahiti.... ,,Zum äussersten, äussersten, äussersten Thule". Wenn er nicht auf sich aufpasst, wird man ihn eines Tages Hals über Kopf verschwinden sehn, nach irgend einem lächerlichen Ort.

Lady Ottoline erhält eine Schilderung von exerzierenden Soldaten, die Lady Cynthia vermutlich schockiert hätte. ,,Ich liebe die Lüsternheit", gesteht er, ,,aber nicht nach Art der Insekten, nein, das ist obszön! Ich kann es ertragen, dass ein

KRIEG

Mensch brutal ist, aber nicht, dass ein Insekt das andre bespringt". Die Soldaten waren hässlich, sie erinnerten ihn an lüsterne Flöhe und Wanzen. „Es sind furchtbare Insekten, eines Tages werden sie ihre Offiziere ermorden. Was für eine wimmelnde, kriechende Hölle ist heute losgelassen!" Er verwahrt sich dagegen, dass seine Schilderung der Ausdruck einer ungeregelten Entrüstung sei. Vor ihm auf dem Gitter sitzt ein Bachstelzchen. Er sieht es. Er sieht, wie mild, wie gegenwärtig der Himmel ist. „Aber die Hölle ist langsam und kriechend und klebrig und wimmelnd von Insekten wie jetzt das ganze, unglückselige Europa"....

Erinnert nicht die Stimmung des jungen Lawrence inmitten der Katastrophe, die für ihn den Untergang einer Welt bedeutet, an den Abend der vorchristlichen Kultur und seine verzweifelten Ausflüchte? Damals waren es die griechischen Philosophen des Selbstbewusstseins, Skeptiker, Stoiker, Epikuräer, die den vereinsamten Menschen des zusammenbrechenden römischen Weltreichs die Einsamkeit ertragen lehrten und sie mit den Farben des Regenbogens und mit zärtlichen und tiefen Gedanken schmückten. Sie stellten die Selbsterkenntnis über alles und gingen vertraulich mit den Göttern um. Sie wussten, dass zwar die Menschen die Götter nach ihrem Ebenbild erschaffen (der beschauliche Epikur verlegte den Sitz seiner

KRIEG

Götter in die Zwischenräume der Welt, wo sie nicht zu arbeiten brauchen) aber auch, dass die einmal gesetzten Götter Geschlechter von Menschen formen. Sie hüllten den Gedanken in eine Haut, verliehen ihm alle Reize des sinnlich Greifbaren, und die Wollust führten sie bis zur Grenzenlosigkeit der reinen Schau.

Es waren tapfere Männer, die ihre Verzweiflung verschwiegen und gerade dann zu hoffen begannen, als niemand mehr zu hoffen wagte. Sie gehören zur Neuzeit wie zum Altertum, sie sind der Regenbogen, die die alte mit der neuen Welt verbindet und beider Farben vermischt. Das Christentum, in einer lieblosen Welt geboren, die keine andre Form der Persönlichkeit gelten liess als die des sichtlich Stärkeren, des Briganten und Tyrannen, hat viel Kraft aus ihnen gezogen, sie waren sein Stab und Halt — — bis die gefestigte Kirche ihren Sieg bei Aristoteles in Sicherheit brachte.

Am 11 November 1915 meldete Lawrence Lady Cynthia Asquith die bevorstehende Abreise nach Mexiko — zweiter Klasse auf der „Adriatic" von der White Star-Linie. Aber es gelang ihm nicht auszubrechen. Die Behörde verweigerte ihm den Pass. Nun machte er seine Drohung wahr und flüchtete Hals über Kopf nach jenem lächerlichen Ort in Cornwall, wo die innersten Höllenkreise ihn

KRIEG

aufnahmen, und dort blieb er bis Mitte Oktober 1917. Dann verbot ihm die Behörde den Aufenthalt an der Küste, was sie aber nicht hinderte, ihn auch im Innern des Landes weiterhin zu bespitzeln.

Zwei weitere Jahre vergingen, bevor er mit Frieda England verlassen konnte. Das Paar hielt sich in Italien und Sizilien auf und fuhr Anfang 1922 nach Australien. Und Australien, das ist der Roman „Känguruh", daraus wir das Kriegs-Kapitel hier vorwegnahmen, um es mit den unmittelbaren Zeugnissen, den Briefen aus der Kriegszeit, zu vergleichen.

DIKTATUR

Da hört man, in diesem demokratischsten Land der Erde, merkwürdige Gespräche: ,,Diese verˌ dammten Unglücksraben von Politikern", sagt einer, ,,sie erfinden einen Schlachtruf, einen Schrei und sehn zu, ob das Publikum sich geneigt zeigt, ihn aufzunehmen. Wenn nicht, so lassen sie ihn fallen. Nimmt es ihn auf, so machen sie daraus mit grossen Gebärden einen Berg, ob sie gleich nur einen alten Blumenscherben im Auge haben".

,,Richtig", brüllt der andre. Ja, aber — und der Volkswille?

Der Volkswille? ,,Der Wille von Grossmutters alter Katze! Sie haben keinen andern Willen als die Leute zu hindern, selbst einen zu haben.... Schauen Sie Australien an! In voller Gärung! Täglich gleicht es mehr einer faulenden Birne. Das ist das einzige, was die Politiker und der Volkswille fertig bringen".

Australien braucht einen Diktator!

Es braucht ihn aus sozialen Gründen, die innerˌ halb und ausserhalb des Landes liegen. Die gelbe Welt, Australien so nahe, ist bedrohlich in Beweˌ gung geraten. Was bedeutet der Nationalismus in Indien, wenn nicht den kraftvollen Willen zur

DIKTATUR

Macht, den Anspruch auf Gewaltherrschaft? Die Brahmanen wollen zur Tyrannei der Kaste zurück, der vollkommensten aller Tyranneien. Die Mohammedaner streben nach der militärischen Tyrannei. Ebenso die Japaner, sogar, wenigstens bis zu einem gewissen Grad, die Chinesen. Sie alle juckt es, wieder die Peitsche zu schwingen, Millionen Menschen in Sklaverei zu halten — das Wasser läuft ihnen im Mund zusammen, wenn sie bloss daran denken. Sie hassen den Weissen. Alle andern Farben hassen den Weissen. Sie warten auf den Augenblick, da sie sich seinem Einfluss entziehn. Der Freiheitsbegriff ist etwas, was nur die weisse Rasse kennt. Die Farbigen pfeifen darauf. „Sie halten uns für Dummköpfe, wenn wir ihnen die Freiheit geben. Sie benutzen sie, um sich gegen uns zu wappnen. Eines Tages werden sie uns an die Arbeit stellen und rottenweise schuften lassen und uns obendrein noch auslachen. ‚Arbeiter der Welt, vereinigt euch!' — jawohl, um desto gründlicher unter die Fuchtel der Farbigen zu geraten". Das demokratische Ideal der Freiheit ist abgenutzt. Irgendwo muss es Autorität und Weisheit geben — unmöglich, sie weiterhin von der Demokratie abzuleiten. Ein Diktator muss her, ein Diktator mit seinem Befehlsstab. „Keine eigennützige Kaste oder Geburtsaristokratie, nein, die mystische Anerkennung eines Unterschieds, eines eingeborenen

DIKTATUR

Vorrangs, die Freude zu gehorchen und die geheiligte Verantwortlichkeit der Autorität". Die Verkörperung des „Mysteriums der Autorität", der Diktator. So heisst das Experiment, zu dem Lawrence nun aufbricht, das Stück Leben, das er als Mittel der Erkenntnis zu leben beginnt.

Der Diktator ist übrigens schon da. Er war da, ehe man (zumindest in Australien) an ihn dachte. Diktatoren melden sich immer selbst an. Sie reden ihr persönliches Bedürfnis der Masse ein, deren Veränderungs- und Abenteuerlust in Krisenzeiten keine Grenzen kennt als die körperlicher Leistungsfähigkeit. Sie schieben ihren persönlichen Ehrgeiz und ihre Wunschträume der Masse unter. Für die Masse ist vom Gefühl tiefster Ohnmacht zum Bewusstsein höchster Macht nur ein Schritt. Der Umschwung vollzieht sich in einem Dunst, der das Schauspiel nur noch magischer erscheinen lässt. Merkwürdigerweise ist der australische Führer Jude.

Der „neue" Kontinent Australien lieferte Lawrence keinen andern Vertreter einer alten Rasse, wie er ihn für seinen besonderen, mehr rückwärts als vorwärts gewandten Chiliasmus brauchte. „Man scheint hier keinerlei Innenleben zu kennen, nur ein Sich-gehn-lassen", schreibt er an eine Freundin. „Seid glücklich, macht euch keine Sorgen, ihr seid in Australien! Eine ziemlich ver-

DIKTATUR

führerische Gleichgültigkeit gegenüber allem, was wir Seele oder Geist nennen — als ob das Land ausserhalb des semitisch,ägyptisch,indoeuropäi, schen Geschichtskreises läge und bei der Kohlen, zeit stehn geblieben wäre, beim Zeitalter der gros, sen Moose und Farne. Es hat keinerlei Selbstbe, wusstsein, oder aber sein Bewusstsein reicht zu weit zurück". Denn das Urgebiet, der australische Busch, ist heute noch verschlossen. Was Lawrence an Australien anzog, die Jugendfrische, stiess ihn auch wieder ab: das von Weissen bewohnte Land war zu sehr ein (obendrein recht leichtsinniges) Geschöpf der Zivilisation. Wie sollte es glaubhaf, terweise einen Diktator nach dem Herzen des Dichters hervorbringen?

Ein Jude allein konnte hier die aus menschli, chen Urmysterien gespeiste Befehlsgewalt ver, körpern, ein Nachkomme der alten Propheten, eine Spezies, die, wie der Kuckuck, so ziemlich überall auf der Erde vorkommt.

Der Jude, vielleicht dachte Lawrence auch da, ran, ist ein Kerl, der die Völker nicht zur Ruhe kommen lässt, das eigene so wenig wie die frem, den. Der grösste Unruhestifter aller Zeiten war Jude, der zweitgrösste ebenfalls — und wer weiss, ob dieser nicht jenen noch übertrumpft! Im Al, tertum war es der Grieche. Wo ein Grieche hin,

DIKTATUR

kam, gerieten die Dinge in Fluss. Zu Anfang vermischten sich die Juden so innig mit den Griechen, dass man nicht sagen kann, wer von ihnen wesentlicher an der Bildung des Christentums beteiligt war.

Man sagt, die Völker wünschten nichts sehnlicher als ihre Ruhe. Da bei allen Völkern die Unzufriedenen in der Mehrzahl sind und ihre Lage zu verbessern wünschen, solche Wünsche jedoch Unruhe stiften, kann vom Ruhebedürfnis der Völker nur sehr eingeschränkt die Rede sein. Ob einer (selbstredend nicht im vulgären Sinne) Antisemit oder Philosemit ist, dürfte schliesslich davon abhängen, ob er für die „Ruhe" lebt und von ihr oder dagegen. Der Ewige Jude und Trotzkis „permanente Revolution" wären demnach ein und dasselbe. Einer meiner Freunde trägt sich mit dem Gedanken, ein Buch zu schreiben, das diesem Ewigen Juden nachgeht und die legendäre Gestalt aus der Sphäre des Sentimentalen, worin sie verkümmert, mächtig heraushebt. Das Buch soll mit der Begegnung zweier Schiffe im Mittelmeer beginnen. Das eine bringt römische Truppen nach Palästina, auf dem andern fährt Paulus nach Rom.... Paulus wird in Rom enthauptet, und Titus zerstört Jerusalem, beides staatsmännisch kluge Handlungen. Aber siehe, mit Paulus ist das „Gift" in das römische Welt-

DIKTATUR

reich eingedrungen, der fallende Kopf hat den Henker angesteckt, nichts wird die Wirkung des Fermentes aufhalten (die, nebenbei, nicht zersetzend war, sondern im Gegenteil erhaltend und aufbauend, die einzige Arznei, die dem Abendland wieder zu einem Selbstbewusstsein verhelfen konnte).

Nun soll man aber nicht vergessen, dass sich stets und überall eine Mehrheit von Juden aus verschiedenen Gründen auf der Seite der Ruhebedürftigen befindet, und niemand verurteilt die Unruhstifter aus ihrem Samen strenger als eben sie. Auch dafür ist Christus ein Beispiel und nicht das erste aus ihrer Geschichte.

Der Unruhestifter ist allemal ein ,,Ausgestossener'', ein Paria, Christus sogut wie Spinoza. Darin unterscheidet er sich nicht von seinen nichtjüdischen Genossen, da ja auch andre Völker fortlaufend Empörer hervorbringen. Der Unterschied zwischen diesen und den jüdischen Rebellen besteht vielmehr darin, dass sich die ersten mit einem angestammten, nationalen Wirkungsfeld zu begnügen pflegen, wohingegen die zweiten notgedrungen in aller Welt wirken und spinnen. Die Folge ist, dass die Engländer gemeinhin mit englischen, die Türken mit türkischen, die Amerikaner und Indier mit amerikanischen und indischen Verschwörern, alle zusammen aber ausserdem mit jüdischen Rebellen zu tun haben. Daher der falsche

DIKTATUR

Schluss, der Jude laufe mit Absicht und Ueberlegung Amok rund um die Welt, indess er doch nur genau das gleiche tut wie sein volkhaft gebundener nichtjüdischer Genosse.

So zahlt der Ewige Jude, der konservativen Mehrheit seiner Rasse zum Schaden und Verdruss, es jenen heim, die sein Volk in alle Welt zerstreuten und es obendrein durch zweitausendjährige Verfolgung hinderten, wie die abgesplitterten Teile andrer Völker im Wirtvolk aufzugehn. Daran sind die Verfolger schuld, nicht, wie oft behauptet wird, jener stets kleiner werdende Kern strenggläubiger Juden, die nicht verschwinden *wollen*. Im übrigen wird die doppelte Buchführung des Talmuds überall bevorzugt, hauptsächlich im englischen Weltreich, wie überhaupt der Talmudjude vom Puritaner nur durch grössere Beweglichkeit und Einbildungskraft absticht. Bis vor kurzem unterbrach der Londoner Policeman den Verkehr, um Lord Rothschild unbehindert zur Börse fahren zu lassen (ein Privileg aus der Zeit der napoleonischen Kriege, bei denen die Rothschilds England wacker zur Seite standen). Ich fand das in der Ordnung und ein erfreuliches Zeichen für die Lebensart des englischen Volkes. Wird ein Gentleman, der einen preisgekrönten Boxer einlädt, je versäumen, den Manager miteinzuladen?

Oft zwar will es mir bei Besprechung der Juden-

DIKTATUR

frage vorkommen, als trieben wir alle, Nichtjuden und Juden, ein Gedankenspiel. Als bewegten wir Einheiten über das Brett, die keiner Wirklichkeit entsprechen und ihre Geltung allein dem Ueber? einkommen verdanken. Ja, ich muss gestehn, es ist mir bei Gesprächen mit jüdischen Freunden mehr als einmal merkwürdig ergangen. Im Augen? blick, da ich Schach bot, musste ich plötzlich er? kennen, dass es nicht der gegnerische König war, dem ich mit soviel Klugheit und Aplomb auf den Leib rückte, sondern der eigene. Und ich bin überzeugt, dass hierin der prickelnde, um nicht zu sagen perverse Reiz aller christlich?jüdischen Disputationen liegt.

Wenn es aber Ernst wird und Mordlustige an der Auseinandersetzung teilnehmen, dann hat, wenn nicht schon der Mensch in jedem aufsteht, wenig? stens der Christ zu wissen, dass er mit dem Juden das Wichtigste gemein hat: den einen, lebendigen Gott und die zehn Gebote.

Den Zug, einen Juden zum Diktator Australiens zu machen, finde ich so witzig wie tief. Lawrence schien er naheliegend, er verwendet kein Wort auf seine Erklärung. Ein seltsamer Diktator bleibt der Erwählte ohnehin.

Im bürgerlichen Beruf Rechtsanwalt, erfolgreich, vermögend, ein Mensch, der in jeder Weise glück?

DIKTATUR

lich sein könnte, opfert er Vermögen und Leben der menschenfressenden „Idee". Nach einem der beiden Schildhalter des australischen Wappens (der andre ist der Emu) trägt er den Spitznamen „Känguruh". Er gleicht ihm auch — körperlich ist er eher abstossend. Aber zwei vorherrschende Eigenschaften verleihen ihm eine eigene Schön, heit: ein ungewöhnlicher Machtwille und ein ebenso ausserordentliches Liebesbedürfnis. Sie erzeugen ein Strahlen, das aus den Augen hinter dem Zwicker auf das kluge Gesicht und sogar über den leicht gewölbten Leib fliesst. (Man denkt unwillkürlich an das appetitliche Bäuchlein der Cranachschen Even). Der Machtwille geht bis zur Mordbereitschaft, das Bedürfnis zu lieben und, vor allem, geliebt zu werden, überschwenglich und schillernd, reicht bis ans Laster.... Zuweilen scheint seine politische Tätigkeit nichts andres als die unbändige, alle Mittel der Verführung handhabende Werbung eines Hermaphroditen.

Der tolle Platoniker befehligt eine Geheimor, ganisation von Kriegsteilnehmern. Ihr Programm? Unbestimmt. Die Erneuerung Australiens. Die Erneuerung der Welt. Dunst um einen Auf, marsch. „Das Leben", heisst es einmal, „beginnt nicht mit einer fertigen Form. Es beginnt mit ei, nem neuen Gefühl und endet mit der Form". Ein andermal wird gesagt, dass jede Religion letzten

DIKTATUR

Endes ein formgewordener grosser Gedanke sei, der im Augenblick, da er seine endgiltige Form gefunden habe, dahinsterbe. Auch ist viel von alten Göttern und dem „dunkeln Gott" die Rede, den man in sich einlassen müsse. Davon verstehn die Anhänger Känguruhs nicht das geringste. Der Krieg hat sie daran gewöhnt, mutig und kameradschaftlich zu sein und dem Befehlshaber die Verantwortung zu überlassen. Brutal sind sie von allein. Aber, so wirft eine Gestalt des Romans ein: diese aus dem Kriege heimgekehrten Helden — was wollen sie denn? Verlangen sie mehr als nur die Gelegenheit, weiterhin Helden zu bleiben — oder sonst sowas? „Auch dies ist ein neues Gefühl", wird geantwortet.

Wenn das Programm der Känguruhbanden unklar ist, ihre Tätigkeit ist umso bestimmter. Sie richtet sich gegen die sozialistische Partei und die Gewerkschaften. Diese stellen die herrschende Partei dar, das faulende Alte, die Lüge, das System, sie müssen vernichtet werden.

Seitdem Krieg war und Lawrence die Arbeiter gemeinsam mit den Gentlemen in der „Welle verbrecherischer Leidenschaft" verschwinden sah, fühlt er sich von ihnen verraten, wie sie sich vermutlich von ihm, der als Intellektueller ihrem Leben den Rücken kehrte. Er lehnt Begriff und politischen Anspruch der Klasse ab und denkt im-

DIKTATUR

mer geringer von den allein seligmachenden „ökonomischen Kräften". Schliesslich dünkt ihn Huitzilopochtli in seinem blutigen Dunkel wirklichkeitsnäher als der hochmütig klare Karl Marx. George Sorels Anschauung vom Marxismus als einem sozialen Mythus, einer kämpferischen Legende war ihm unbekannt. Er hätte sie vermutlich als Geheimniskrämerei eines Statistikers verlacht. Soweit wäre alles in Ordnung, und Mr. Somers findet nichts einzuwenden, dass Känguruh Arbeiterpartei und Gewerkschaften vernichten will . . Dazu kommt es aber nicht. Känguruh wird beim Versuch, eine Arbeiterversammlung zu sprengen, tödlich verwundet.

Mit dem Tode Känguruhs ist das Experiment zu Ende. Nach einer Krise, die ihn Nächte lang schlaflos hält, „gibt" Mr. Somers (das ist Lawrence) „die Partie auf". Es ist „nötig, dass der Mensch sich Rechenschaft ablege von seiner Aufrichtigkeit, wenn seine Stunde vorbei ist, und sich um nichts andres kümmere". Die Menschen haben als politische Tiere versagt. Mr. Somers träumt von dem „dunkeln Gott", der ihn, er weiss es, in Mexiko erwartet . . . . Zwar hätte er Lust, in den Busch zu gehn, in die Nähe einer kleinen Stadt (tiefer kann man nicht eindringen), ein Pferd zu halten, eine eigene Kuh — „und zum Teufel mit dem Rest!" Voltaires Candide! . . . . Es ist der Weisheit letzter

DIKTATUR

Schluss, zu allen Zeiten und unter allen Himmels,
strichen.

„Aber warum tun Sie es nicht?" wird er ge,
fragt.

„Jetzt nicht. Noch nicht. Ich will dieser Anzie,
hung nicht nachgeben. Und der Schritt, den ich
machen müsste, wäre auch zu gross". Worauf man
ihm antwortet: „Anscheinend reisen Sie um die
Welt auf der Suche nach anziehenden Dingen, le,
diglich um ihnen zu widerstehn". Dadurch ge,
reizt, erhebt er sich in seiner ganzen Menschen,
würde, und es erfolgt die Absage an den Diktator,
der wiederum nur, wie der Krieg, eine zerstörende
Kraft ist. Er, Mr. Somers hat sich oft als einen Feind
der Zivilisation bezeichnet. Darunter verstand er
die alles verschlingende Mechanik so gut wie das
menschenfressende Ideal. Aber er ist nicht der
Feind des wohlunterrichteten, tiefen, sich selbst
verantwortlichen Bewusstseins, das sich die Mensch,
heit unter unendlichen Mühsalen erobert hat, und
das er, Mr. Somers, Zivilisation nennt. Es fällt
ihm nicht ein, die Fahne der „zivilisierten Zivili,
sation" einzuholen. Im Gegenteil. Für diese Fahne
wird er sich schlagen bis zum letzten Atemzug, er
wird sie vortragen in tiefere und dunklere Be,
zirke, dorthin, wo, von Symbolen der alten Götter
umringt, die „Mütter" wohnen.

Seine Träume haben begonnen, ihm gewisse

DIKTATUR

Gedanken ernstlich aufzuzwingen. Er wehrt sich, er schreckt davor zurück, allzusehr an den dunkeln Gott zu denken. Denn falls er seine Gedanken bewusst auf ihn richtete, würde die Anziehung ungeheuer werden und ein Abenteuer beginnen, keinem früheren vergleichbar.... Inzwischen macht er sich wiedereinmal klar, dass Menschen wie er unermüdlich das Leben innen leben sollen statt aussen, die Welt möge es treiben, wie's ihr gefällt. Sie dürfen sich nicht vom Äussern ergreifen und fortschwemmen lassen, und falls es doch geschieht, müssen sie kämpfen, um die hohe *See, um sich selbst und die Stille, worin allein die* uneigennützige Erkenntnis gedeiht, zurückzugewinnen. Sie sollen nicht sein wie jene armseligen Schirmquallen, die nach einer Sturmflut den Strand bedecken.

Bei Licht und vom Politischen her gesehn, eine recht kümmerliche Auskunft! Der „Politiker" Lawrence ist in zehn Jahren nicht klüger geworden, es sei denn um eine praktische Bestätigung dessen, was er schon immer wusste. Ist ihm nicht schon in einer jener Nächte in Cornwall, als das kleine Haus so dicht geschlossen war, dass von aussen kein Lichtschimmer zu sehn war, das „Geheimnis" aufgegangen, dass man sein einziger Richter bleiben müsse und dies unbedingt, die Welt mit ihrem Dirnenmund mochte dazu sagen,

DIKTATUR

was sie wollte? ,,Es ist das grösste Geheimnis, wie man sich auf dieser Welt benehmen soll: einsam bleiben und über sich urteilen in der Tiefe des Herzens. Seine eigenste Seele allein fürchten, niemals die Aussenwelt, nein, nicht einen einzigen Menschen, nicht einmal fünfzig Millionen Menschen . . . ." Doch wollen wir nicht übersehn, dass der Eindruck des Unzulänglichen von dem Aufwand an Gründlichkeit und Aufrichtigkeit kommt, mit dem das Experiment durchgeführt wurde, um trotz alledem negativ zu enden. Wir haben es mit dem sprödesten Stoff zu tun, dessen sich ein Dichter bemächtigen kann, der Politik — die ihre Gefährlichkeit für den Dichter nicht einbüsst, wenn sie, wie im ,,Känguruh", bei der Wurzel des Menschlichen gefasst wird. Auch im Werk des politischsten aller Dichter, bei Stendhal, gleichen die politischen Teile einem ausgebrannten Gemäuer, in dem Gespenster schwer verständliche Ränke schmieden.

Wie in allen seinen Romanen tritt Lawrence mindestens in zwei Gestalten auf, der Hauptgestalt, seinem beständigen, selbstbewussten, eifersüchtig behaupteten Teil, und dem ersten Gegenspieler, der eine seiner ,,Möglichkeiten", einen Versuch, ein Wagnis darstellt. Diesmal heisst der Vorstoss ins Unbekannte Känguruh, der Teil, der, um

DIKTATUR

seine Selbstbehauptung besorgt, im Grunde nur Zuschauer bleibt, Mr. Somers. Wie stets begleitet ihn Frieda, die wiederum nur ein Spiegel ist, und zwar spiegeln sich in ihr sowohl die Hauptgestalt wie die „Möglichkeiten" oder vergänglichen Wunschbilder, in diesem Fall also Mr. Somers und Känguruh nebst einigen Nebenfiguren.

Nennen wir diese Romantechnik die „fliessende". Sie kennt keine starren Charaktere (deren Künstlichkeit Lawrence bei Tolstoi und sogar bei Dostojewski feststellt). Sie wandelt die Konflikte in wechselnden Gestalten und innerhalb einer Gestalt in wechselnden Formen ab. Sie entspricht einer ersten ästhetischen Forderung des Dichters, dass die Kunst unbedingt triebhaft, unvollkommen, begrenzt und vergänglich oder vorläufig (transitor) sein solle wie der Künstler selbst, und einer zweiten, dass bei einer Geschichte, die etwa von einem Diamanten handle, der Diamant auf die Kohle zurückzuführen sei (gleichwie auf menschlicher Stufe der Geist zum Instinkt). Die herkömmliche Romanform ist nicht aufgelöst, aber stark gelockert.

Man kann vom Politischen absehn und sich an Känguruh wie an der balzacschen Gestalt eines Vautrin erfreuen. Er hat nicht ganz ihr Format, dafür mehr Tiefe und Eigenart, und er gehört zu den grossen Merkwürdigkeiten der europäischen

DIKTATUR

Romandichtung. Ein wahrhaft unheimlicher Geselle, etwas wie ein Gangster des *echten*, geistgeladenen Messianismus.

In dem Roman lebt Australien mit seinen Menschen und Tieren, seinen Kolonialstädten und entsetzlich provisorischen Vororten, den weitverstreuten kleinen Häusern, die ein knallig gestrichenes Wellblechdach deckt — greifbar nahe. Der Busch, nur an seinem äussersten Rand betretbar, gleicht der Mondlandschaft in einem Buch von Wells, deren Vegetation unter den Sonnenstrahlen unbändig hochschiesst und eine übertropische Pracht entfaltet, um in der eisigen Nacht gleich wieder zu verkümmern. Und dann ist noch der Grosse Ozean da. Mit der Wucht seiner ungeheuren Breite schlägt er gegen die Küste, wir schlafen und wachen in seiner Stimme. Mit diesen, bei allem Lyrismus äusserst genauen Schilderungen verglichen, wirken Victor Hugos Beschwörungen des Meeres wie Bravourarien, denen die Hauptsache, nämlich das Salz fehlt.

Wir sehen Känguruh in seiner bräutlichen Zeit, beim Aufstieg, die Hochzeit findet nicht statt. Der Aufstieg ist die schönste Zeit der Diktatoren, sie haben alles für sich, Schönheit, frischen Ruhm und Jugend, vor allem die Jugend, die eigene wie die der Welt.

DIKTATUR

Scheint nicht in der Jugend allein schon aller Glanz eines Volkes wie in einem Strahlenbündel gesammelt? Und wenn es holder Schein wäre und hinter den strahlenden Stirnen Gedanken einer verwesenden Zeit wohnten — ist das Strahlen der Gesichter, das Tempo der marschierenden Beine darum weniger echt? ,,Lasst mich scheinen, bis ich werde...." Die Enthüllung beginnt erst, wenn der Diktator oben angelangt ist. Aber dann marschiert, was einmal in Bewegung ist, noch eine ganze Weile in der selben Richtung weiter....

Känguruh bleibt die Prüfung durch den Erfolg erspart. Das letzte Gespräch zwischen ihm und seinem Gegenspieler, ein Wogen von Zärtlichkeit und dunkelm Feuer, voll psychologischen Tiefsinns, ein wenig morbid, ja, auch dies, und dies nicht zuletzt, wächst zu einer lyrischen Prosa empor, die an ,,Isoldes Liebestod" erinnert.... Känguruh, sprechen wir es ruhig aus, ist Wagnerianer. Was gegen ihn zu sagen wäre, steht im ,,Fall Wagner". Er ist zugleich ein Schüler Nietzsches. Die Zeit hat die intimsten Feinde, nicht aus Bosheit, nein, aus reiner Begeisterung zusammengespannt. Wagner und Nietzsche stehn neben einander auf dem gleichen Sockel wie Goethe und Schiller auf dem Nationaldenkmal in Weimar. Niemand kann es ändern. Es ist ein Sieg mehr des

DIKTATUR

Vaters aller neueren deutschen Dinge, des jugendfrischen alten Hegel.

Spätere Geschlechter werden unsre Zeit aus der Konstellation dreier Gestirne erklären: Marx, Wagner, Nietzsche. Sollte bis dahin der Kommunismus gesiegt haben, werden die amtierenden Astrologen den Einfluss Wagners und Nietzsches als die letzte, verzweifelte Anstrengung des Bürgertums deuten, sich durch Heroisierung und Vernebelung seiner Lebensbedingungen vor dem Untergang zu retten. Sollte die gegenteilige Strömung sich durchsetzen, werden die gleichen Astrologen in Marx den ebenfalls letzten, nicht minder verzweifelten Versuch des Liberalismus erblicken, sein wesentliches Gedankengut durch Preisgabe des Privateigentums und Verbreiterung seiner wirtschaftlichen Basis zu erhalten. Wie das Recht nach Proudhon die offizielle Anerkennung der Tatsachen ist, so dient die Geschichte zur Rechtfertigung Caesars.

REVOLUTION

Von allen Künstlern ist der Dichter der geplag,
teste.

Da er sich des gemeinen Mittels der Verständi,
gung, der Sprache, bedient, versucht alle Welt,
ihn auf die Stufe des Gemeinen herabzuziehn.
Selbst feiner denkende Menschen, die geneigt sind,
im Musiker, Maler, Bildhauer den Aussenseiter
zu ehren und seinen ausschliesslichen Dienst an
der Kunst, seine Askese, als im Wesen der Kunst
liegend anzuerkennen, erblicken in der gleichen
Haltung des Dichters ein Zeichen bürgerlicher
Unvollkommenheit, um nicht zu sagen Feigheit [1].
Dem entsprechend wird der Dichter vom schlech,
ten Gewissen des asozialen Menschen öfter heim,
gesucht als seine „stummen" Kollegen. Er büsst
für den Schriftsteller, von dem man herge,
brachterweise erwartet, dass er zu den Ereignissen

---

[1] So auch Lenin. Künstler, meinte er, und darunter verstand
er Musiker, Maler, Bildhauer, liesse man am besten in Ruhe.
Von den Dichtern aber verlangte er, dass sie sich in die revo,
lutionäre Stammrolle eintrügen. (Siehe seinen Briefwechsel
mit Gorki). Wie viele Grosse dieser Welt, hatte Lenin in Kunst,
dingen den Geschmack eines reaktionären Kleinbürgers —
ein Beweis mehr, dass Politik und Kunst zwei völlig getrennte
Gebiete sind.

REVOLUTION

des Tages Stellung nehme, gröber und zeitgemäs≠
ser: dass er seiner Kundschaft schmeichle.

Die Vergröberung ergab sich aus der um die Mit≠
te des vorigen Jahrhunderts einsetzenden *bewuss≠
ten* Gliederung der Gesellschaft nach ihren mate≠
riellen Lebensbedingungen und der darauf abge≠
stimmten Entwicklung der Presse.

Kaum hatte die Demokratie das feudale System
gesprengt, als sie auf Umwegen, die mit den Schä≠
deln der in aller „Freiheit" Geopferten gepflastert
sind, zu ähnlichen, nur viel tyrannischeren Bindun≠
gen zurückführte. Die neuen Bindungen waren um≠
so gefährlicher, als sie unendlich einfacher schie≠
nen. Die soziale Ideologie (und nicht nur sie allein)
arbeitete bald laut, bald leise an der Schaffung
zweier Fronten — in zwei Riesenfronten wurde die
eine Hälfte des Staates, die eine Hälfte der Mensch≠
heit gegen die andre aufgerichtet. Die zwei Fronten
saugten die sozialen Gruppen auf, die die Revolu≠
tion erst einmal freigesetzt hatte, und aus einer
ihren Wesen nach versöhnlichen und allenfalls
harmlosen Vielfalt erwuchsen zwei tödlich verfein≠
dete Einheiten. Der technische Aufschwung kam
diesem Vorgang entgegen, er schuf ihn nicht. Der
hochmütigste Satz, den Karl Marx je geschrieben,
behauptet: soweit das Ideal von dem Interesse un≠
terschieden sei, blamiere sich immer das Ideal. Das
ist engstirnigster Feuerbach. Tatsächlich bewegen

REVOLUTION

sich Ideal und Interesse auf verschiedenen Ebenen, und die Kämpfe, die sich abspielen, wenn das eine in die Ebene des andern einbricht, sind die wechselvollsten der Welt. Der Mensch „ist" nicht nur, „was er isst". Die Wirkung der Marxschen Lehre liegt nicht in der ökonomischen Kritik, deren Genialität lediglich dem Gebildeten in die Augen springt, sondern erstens in der Aufrührung von Masseninstinkten, die den mystischen Ausweg infolge der nachlassenden Kirchengläubigkeit verschlossen fanden, und zweitens in dem Ersatz dafür, einer sozialen Mystik, als deren Gegenstand Marx die Stabilisierung des Menschenglücks, nämlich die Aufhebung des Proletariats wie seines Gegenteils, des Privateigentums, durch die Aufhebung der unmenschlichen Lebensbedingungen bezeichnete.

Man kann das eine Verweltlichung der himmlischen Seligkeit nennen, ein Ziel, der grössten Anstrengung der Berufenen wert und auch von uns Unberufenen bescheiden, aber herzlich zu begrüssen. Es kann schwerlich etwas Verruchteres geben, als die Lebensbedingungen der heutigen Gesellschaft, es seien denn die Mittel, mit denen ihre Aufhebung vielfach angestrebt wird. Seinen neueren Führern zum Trotz scheint das metaphysische Bedürfnis des Volkes unausrottbar, ob es nun, wie Schopenhauer will, der Ursprung der Religion sei,

REVOLUTION

oder, nach Nietszche, nur deren Nachschössling [1].
In den zweihundert Jahren der Aufklärung war der Schriftsteller führend. Nun, da wir soweit sind, dass die Menschheit im Meer der materiellen wie geistigen „Werte" verdurstet, wird der Anspruch des Publikums an den allwissenden Allerweltsmessias, den Schriftsteller, begreiflicherweise nicht geringer. Vor das Rote Meer gestellt, fordert Israel von seinen Propheten, dass sie ihr Volk durch

---

[1] Als Beitrag von Engels zu der Frage sei angeführt, was er über Gott schreibt: „Die Frage ist bisher immer gewesen: was ist Gott? und die deutsche Philosophie hat die Frage dahin gelöst: Gott ist der Mensch. Der Mensch hat sich nur selbst zu erkennen, alle Lebensverhältnisse an sich selbst zu messen, nach seinem Wesen zu beurteilen, die Welt nach den Forderungen seiner Natur wahrhaft menschlich einzurichten, so hat er das Rätsel unsrer Zeit gelöst." Die deutsche Philosophie ist in den seitdem verflossenen hundert Jahren nicht faul gewesen. Sie führte, wie uns der Leipziger Universitätsprofessor Ernst Bergmann in seinen „25 Thesen einer Deutschreligion" mitteilt, zum Dritten Reich. In der Hauptsache freilich ist sie nicht weiter gekommen. Die 19. These Bergmanns lautet: „Zum Wesen Gottes gehört Wille, Verstand und Persönlichkeit. Das aber ist zugleich das Besondere am Menschen. Also ist der Mensch der Ort Gottes in der Welt". Heide will aber der Deutschreligiöse doch nicht gescholten werden — wenn man nicht darunter eine christentumsfreie Religion versteht. In diesem Fall erhebt der Deutschreligiöse das Schimpfwort Deutschheide zu einem *Ehrennamen*. „Und dies umso mehr als es in Deutschland wieder eine Germanenverfolgung gibt".

REVOLUTION

die Fluten in das gelobte Land führen, und darin zeigt sich die eine der beiden Fronten so kategorisch wie die andre.

Eine gefährliche Lage für den Schriftsteller! Wer weiss, vielleicht ist er am Ende seiner Weisheit? Vielleicht ist er drauf und dran, vom Ideal, nach dem die um Gott und die Göttlichkeit der Schöpfung betrogene Masse lechzt, *blamiert* zu werden? Wie, wenn das Ideal das Interesse ans Kreuz schlüge? Er kann unmöglich die Grösse seiner Verantwortung leugnen, er kann sich auch nicht aus der Armee wegschleichen, die er so wacker aufstellen und einexerzieren half. An den Haaren würde man ihn zurückholen und, wo die eine der beiden Fronten ungehindert an der Macht ist, füsilieren. Warum auch nicht? Soll ein Schriftsteller, der Soldat geworden ist, nur den Essnapf des Soldaten teilen? Der Essnapf schliesst neben den Vorteilen auch die Fährlichkeiten des Berufes ein — man kann es bedauern, aber nicht gerade eine Ungerechtigkeit nennen.

Der Dichter büsst für den Schriftsteller und dessen grosse Zeit, weil ihr gemeinsames Ausdrucksmittel, die Sprache, die Verwechslung nahelegt, aber dadurch wird der Unterschied zwischen ihnen nur noch grösser. Der Dichter ist, im Gegensatz zum Schriftsteller, ein Primitiver. Er glaubt an Träume, Zeichen und Orakel, selbst bei minder

REVOLUTION

begabten Romanschreibern trifft man auf Spuren von Aberglauben. Der Hintergrund der Dinge ist für ihn belebt, aus allen seinen „Erlebnissen glänzt ein Gott", er verwaltet die „Farbenpracht der alten Menschheit". Solange es Dichter gibt, bleibt der unsprüngliche Mensch in dieser oder jener Form erhalten. Er ist, um einmal ein Wort als rotes Tuch zu gebrauchen: reaktionär.

Der Fall verzwickt sich durch das Beisammenwohnen des Dichters und des Schriftstellers in einer Gestalt. Das Schauspiel solcher Gemeinschaft ist wenig erhebend, denn die beiden leben, bewusst oder unbewusst, in erbitterter Feindschaft. Der Dichter straft den Schriftsteller Lügen durch die Selbstlosigkeit, die Gerechtigkeit, das sittliche wie ästhetische Gleichgewicht seiner Schöpfung. Der Schriftsteller hinwieder weiss nichts besseres zu tun, als unter den Füssen des Dichters und seinem Werk ein Dauererdbeben zu unterhalten. Er tut es, indem er von ihm als dem politischen Tier, das wir alle sein sollen, strengste Unsittlichkeit, grausamste Verblendung und den Gebrauch aller möglichen räuberischen Mittel fordert. Der Trost, die schlechten Mittel würden nach völliger Erreichung des guten Zwecks der Gesittung wieder Platz machen, überzeugt nicht. Wann wäre je ein politisches Ziel von den Nutzniessern der Bewegung als völlig erreicht erklärt worden! Sind die Nutzniesser Genies,

REVOLUTION

eilen sie, mit verschwindender Ausnahme, unaufhaltsam der Katastrophe zu, sind sie kleine Leute, endet ihr Abenteuer in Bürokratie. Jedenfalls hinterlassen sie als Erbe die Barbarei.

Von zehn Dichtern, die sich für den Bürgerkrieg anwerben lassen, werden neun dazu gepresst, von andern oder vom eigenen schlechten Gewissen — wobei nicht vergessen sei, dass auch das schlechte Gewissen durch äusseren Druck künstlich erzeugt werden kann. (Während des Krieges begann Lawrence sich unter dem Hagel vergifteter Anwürfe allmählich selbst für einen Spion zu halten.) Alle Gewaltherrscher besitzen unter ihren Büttel Spezialisten im Fach, Unschuldigen das Gewissen zu verdrehen. Der zehnte aber gibt nach aus panischer Angst, die, wie das Wort nicht vergessen hat, die Angst vor der einsamen Wildheit ist....

Es gibt handlichere Beispiele als Lawrence für die Zwiespältigkeit eines Künstlers, der einesteils die Welt mit politischen Mitteln verändern will (und sicher ist sie im *Vordergrund* nur mit politischen Mitteln zu verändern), anderteils mit den reinen Mitteln der Kunst sich selbst zu gestalten sucht als den nächstliegenden und erfasslichsten Ausdruck der Schöpfung. Kein andres Beispiel führt soweit ins Metaphysische, keines zeigt so sehr die ,,gegabelte Flamme" des weltlichen und

REVOLUTION

religiösen Erlösungsbedürfnisses, gerade weil Lawrence niemals den „grossen Schritt" von der Betrachtung zur Handlung praktisch zurücklegte. „Wenn die Dinge, die des Kaisers sind, sich derart von den Dingen, die Gottes sind, unterscheiden", sagt Aldous Huxley, „so kommt das, weil die Dinge des Kaisers nach Tausenden und Millionen zählen, während die Dinge Gottes sich auf eigentümliche und einsame Seelen beziehn.... Die politische Welt der grossen Zahl war Lawrences Alpdruck, und er floh sie. Die primitiven Gemeinschaften sind so klein, dass ihre Politik ihrem Wesen nach unpolitisch ist, was für Lawrence ihren Hauptreiz ausmachte". Daher sein Kniff, mit dem er aus der Zwickmühle herauszukommen suchte, und von dem sich schwer sagen lässt, was daran erstaunlicher ist: die Einfältigkeit oder der Umfang und die Dauer der Dienste, die er ihm leistete.

Gemeint ist seine Lieblingsidee, die Gründung einer Kolonie gleichgesinnter Europaflüchtiger, für die er bald Europa selbst, bald andre Weltteile, vornehmlich das mittlere Amerika ins Auge fasste, eine Art Sommerfrische. Irgendwo stand eine Villa bereit, durch die Fenster strömte Sonne, in den Fenstern lag die Bettwäsche, hinter dem Haus krähte ein Hahn, dessen fröhliche Tätigkeit die Hausfrau in Lawrence (er war eine tüchtige Hausfrau und wusste Besen und Aufwaschlappen

REVOLUTION

mit Verstand zu führen) ebenfalls vergnügt in Rechnung stellte. Der grossangelegte politische Versuch mit „Känguruh" ist missglückt? Beweist nur, dass er mit falschen Mitteln oder am unrechten Ort unternommen wurde! Fangen wir also klein und sauber an — mit der Kolonie.... Ich bin nicht der Meinung Huxleys, dass eine primitive Gemeinschaft ihrem Wesen nach unpolitisch sei, am wenigsten wenn sie aus Kultur- und Europaflüchtigen besteht. Würden diese nicht ihr „faulendes Europa" (und wir haben gesehn, dass auch andre Erdteile als Europa „faulen") mit sich führen und zu zehnt oder dreissig den Kampf der „grossen Zahl" weiterkämpfen, wobei jeder für sich Tausende und Millionen verträte? Der Kniff mit der Kolonie leistete so gute Dienste, weil er eben ein Kniff, ein Gedankenspiel blieb, eine Rückversicherung, deren Fälligkeit niemals eintrat.

Im strengsten Gegensatz zu der politischen Neugier, die ihn zeitlebens beunruhigte, steht der Glaube des Dichters an die „Kunst für mich allein". Die Kolonie war eine Ausflucht, die ihm erlaubte, wenigstens als Betrachter bei der Politik zu bleiben. Die „Kunst für ihn allein" war der Glaubenssatz, der ihn gegen die Fährnisse des tätigen Lebens schützte. Er ist nicht artistischen, sondern religiösen Ursprungs — insofern als Law-

REVOLUTION

rence dem Instinkt, der ursprünglichen Leidenschaft göttlichen Ursprung zuspricht. „Bei mir kommt das Schreiben aus der Leidenschaft — wie die Umarmungen...."

Da von Lawrence die Rede ist, dürfen wir statt Leidenschaft unbedenklich *Glaube* setzen, und damit sind wir weit vom peinlichen „L'art pour l'art" entfernt (ohne zu übersehn, dass die modische Verächtlichmachung dieses Prinzips nicht etwa in einem Misstrauen gegen eine Kunst ohne menschlichen und göttlichen Hintergrund wurzelt, wohl aber im Neid des verpöbelten Schriftstellers auf jede Form von Abgeschlossenheit.) Wir sind so weit vom Artistischen entfernt, dass wir an ein Wort des Michangelo erinnern dürfen, wie es Vasari überliefert. Dabei betroffen, als er, eine Laterne auf dem Kopf, in einer dunkeln Ecke der Sixtinischen Kapelle malte, wurde Michelangelo gefragt, warum er etwas male, was doch niemand werde sehn können. Er antwortete: „Gott sieht es". Und hier ist die Stelle, wo die grosse Zahl des Kaisers im Dunkel verschwindet und nur noch die Dinge, die Gottes sind, leuchten.

Die gleiche Sehnsucht, welche die ökonomische Lehre von Marx bestimmt, treibt auch das moralische Werk von Lawrence. Beide erstreben sie die Erlösung des Menschen — wie überhaupt „Erlö

REVOLUTION

sung" das Schlagwort eines Zeitalters ist, das weiter als irgend ein andres davon entfernt scheint. Der Materialist erblickt in der Erlösung einen mechanistischen Vorgang: der Mensch wird befreit, ein neuer, höher gearteter Mensch geboren durch die Aufhebung des Proletariats und seines Gegenteils, des Bürgertums [1]. Da nach Marx im klassenlosen Staat die politische Bewegung zum erstenmal aufhören wird, zugleich eine wirtschaftliche zu sein, und Marx diesen Zustand offenbar für dauernd hält, kann man sich, als orthodoxer Marxist, recht wohl ausmalen, wie dann das entgiftete Leben in seinen politischen Aeusserungen als platonisches Gespräch verläuft, das zwar der Vernunft und der Leidenschaft noch immer Spielraum genug lässt, ihren Aeusserungen jedoch eine Tiefe und Schönheit verleiht, wie man sie sonst nur in grossen Kunstwerken findet. Dem klassenlosen Menschen glänzt wie dem antiken aus jedem Erlebnis ein Gott, nicht mehr jenes Geschöpf der Urangst und des Aber-

---

[1] Etwa vom „Kommunistischen Manifest" an formuliert Marx den Gegensatz schärfer als früher. Gesellschaftlich heisst er Bürgertum und Proletariat, wirtschaftlich Kapital und Lohnarbeit. Auch in dieser Formulierung wird die gesellschaftlich wie wirtschaftlich ausserordentlich wichtige, ja, wie sich gezeigt hat, entscheidende Zwischenschicht des Kleinbürgertums unterschätzt. Mussolini, der als Sozialist auf diesen Mangel hinzuweisen pflegte, hat als Faschist daraus Nutzen gezogen.

REVOLUTION

glaubens, das den wissenschaftlich denkenden Menschen so unsäglich beschämt, nein, ein Gott, rein und erhaben wie ein Gedanke, eine mathematische Formel, ein Lehrsatz der Physik. Anders könnte sich das Kind eines mechanistischen Zeitalters Gott und Seligkeit auch nicht vorstellen!

Immerhin geht es auch hier um Gott und Seligkeit, also um Mystik, der Rationalist zeigt sich kaum weniger ewigkeitsbedürftig und wundersüchtig als sein Gegenteil, er kann ebenso wenig gottlos leben. Das Wort von Marx: Religion ist Opium fürs Volk, das der Rationalist an einer Kirche anbringt, hindert ihn nicht, in einem Mausoleum gleich gegenüber eine geschminkte Leiche der Volksverehrung auszusetzen. Der Rationalist mag Gott noch so leugnen, er weiss: um einen Gott zu stürzen, muss man einen andern an seine Stelle setzen, und falls der Gott, wie in unserer Zeit kaum anders zu erwarten, sich nicht natürlich einstellt, muss man ihn von irgendwo herholen oder aus den Teilen alter Götter neu zusammensetzen. Wir kennen keine einzige rationalistische Revolution, die sich nicht durch karnevalistische Versuche solcher Art lächerlich gemacht hätte.

Die Erklärung ist einfach. Revolutionen sind Massenbewegungen. In der Masse wird das zivilisierte Einzelwesen für eine Weile wieder zum Urmenschen. Der steht verwundert vor dem gewalti-

REVOLUTION

gen Umschwung, der einem Naturereignis gleicht, und da er mit seinen ungewohnten Gemütsbewegungen (hauptsächlich übermässiger Furcht und Hoffnung) allein nicht fertig wird, gibt er ihnen den Namen derjenigen, die für ihn Blitz und Donner, Regen und Sonnenschein verkörpern, und nimmt von den neuen Machthabern die religiösen Symbole an, die sie ihm anbieten. Leider sind die Machthaber wenig erfinderisch auf diesem Gebiet. Über kurz oder lang tritt der Augenblick ein, da dem Volk die Gottesunterschiebung samt der Maskerade der neuen Heiligen und Märtyrer bewusst wird und es heimlich erst, dann öffentlich zum alten Glauben zurückkehrt.

Nietzsche und Lawrence hingegen erwarten das Heil des Menschen vom Ausgleich zweier Gegensätze, die die ewige Triebfeder aller Dialektik bilden, und von der sie selbst und ihr Werk besonders auffällig bewegt werden: Instinkt und Erkenntnis, antike Zeugungslust und modernes Bewusstsein. Bei Nietzsche wiegt das spekulative Element vor, bei Lawrence das triebhafte. Doch ist es Nietzsche, der sagt: ,,Die Krankheiten der Sonne erlebte ich, der Erdgeborene, als eigene Verfinsterung und der eigenen Seele Sündflut".

Um sich Australien anzueignen, brauchte Lawrence erstaunlich wenig Zeit, rund drei Monate.

REVOLUTION

In Mexiko bleibt er fast zwei Jahre, und die Sehnsucht nach dem Land des dunkeln Gottes lebt in ihm weiter bis zum Ende.... Kaum ist ,,Känguruh" beendet, beginnt er die ,,Gefiederte Schlange". Das Schicksal, das ihm stets das Notwendige bringt, liess ihn die Reise nach Mexiko in Australien unterbrechen, damit er hier im Zwischenland zwischen Gestern und Morgen mit Europa allen Ernstes fertig werde, nicht zuletzt mit dem schlechten Gewissen des Gemeinschaftsflüchtigen. Er schrieb den ,,Känguruh", schrieb ihn schnell, um mit allem aufzuräumen, was ihm das Hauptproblem seines Lebens verstellte: die trotz allem bezaubernde und auch blutmässig starke Welt der Heimat, des Westens. Dann aber tritt er von dem am unzugänglichen australischen Busch gelegenen Versuchsfeld in echte Wildnis hinüber, in eine Urlandschaft, wo die alten Götter im Begriff sind, die Festungen der spanischen Zivilisation, die Kirchen, eine nach der andern zu erobern, während die tropische Vegetation gleichzeitig ihr Gemäuer überwuchert. Die gefiederte Schlange, das aztekische Symbol des ,,doppelten Weges" unten und oben, dessen Erinnerung im Wappen des heutigen Mexiko (fliegender Adler mit einer Schlange in den Krallen) weiterlebt, liefert ihm den Titel des Romans. Es wird sein stärkstes Buch.

Aus einer Sturmflut des Gefühls, die sich nur

REVOLUTION

mühsam in das Bett einer Romanhandlung zwängen lässt, erheben sich Hymnen und Gesänge in freien Rhythmen, darunter die Absage und Kriegserklärung an das *andre* schlechte Gewissen, das der Feiglinge und Verräter, die Schuld sind, wenn das Interesse das Ideal blamiert, die nicht den Glauben kennen und das Ideal bis in die Eingeweide des schlafenden Gläubigen verfolgen — der Gegenangriff auf den sich allmächtig dünkenden ,,Geist".

Das Lied vom grauen Hund

Wenn ihr schlaft, ihr wisst es nicht,
Umschleicht euch der graue Hund.
Es dreht sich alles in euerm Schlaf, und eurer
[Seele wird schlecht.
Der graue Hund frisst eure Gedärme.

Dann betet zu Huitzilopochtli:
,,Als ich die Schlafpfade herunterkam
Und das dürre Tal durchquerte,
Hat der graue Hund mich an der Wegkreuzung
[angefallen.

Den grauen Hund hungert nach meinen Gedärmen.
Rufe ihn weg von mir, Huitzilopochtli!"
,,Nein", antwortet der Allmächtige. ,,Verjage du ihn,
Hetze ihn und töte ihn in seiner schmutzigen Hüt-
[te!"

REVOLUTION

Die Strasse entlang durch das dürre Tal
Hetzt ihn, den grauen Hund, bis in seine Nische!
Bis in die Nische im Herzen eines Verräters,
Eines Diebes, eines traumwandelnden Mörders!

Und dort tötet, tötet ihn mit einem einzigen Streich
Und ruft: „Gut so, Huitzilopochtli?"
Auf dass euer Schlaf nicht eine Schädelstätte sei,
Wo unreine Hunde kriechen.

MOBILMACHUNG DER GÖTTER

Je üppiger eine Symphonie instrumentiert ist, umso stärker müssen die Akzente sein, die herausheben, trennen, den Weg bezeichnen. Im Roman, er mag wie bei Lawrence noch so auf Sprache gestellt sein, geschieht dies weniger durch sprachliche, als durch handlungsmässige Zuspitzung — wobei das seiner Natur nach dramatische Element von den Gesetzen der Erzählung in Schranken gehalten wird.

Nach „Söhne und Liebhaber" hatte Lawrence erklärt, er werde keine „glänzenden Szenen" mehr schreiben, und tatsächlich zeigte er in der Folge das Bestreben, dramatischen Auftritten auszuweichen und dort, wo sie unvermeidlich aus der Handlung hervorwuchsen, ihre Dramatik von der Handlung in die Sprache zu verlegen. Starke dramatische Akzente durften in der „Gefiederten Schlange" nicht fehlen. Die Handlung wäre sonst in Lyrismus ertrunken und der ohnehin mit Wiederholungen und Verzögerungen etwas überladene Roman nur schwer zugänglich gewesen. Als Lawrence die „Gefiederte Schlange" schrieb, war seine Meisterschaft so weit gediehen, dass selbst „grosse" Romanauftritte erprobtester Art im Rhythmus

MOBILMACHUNG DER GÖTTER

der Erzählung abrollen, ohne aus ihr besonders her,
vorzutreten (eine Gefahr, der ein Balzac in seinen
besten Romanen erliegt).

Beim Lesen der „Gefiederten Schlange" hört
man das unaufhörliche Tamtam der Indianertrom,
meln, bald fern, bald nah. Es beginnt zaghaft,
schwillt an, um in der Schilderung der Kämpfe
und religiösen Feste zu donnern gleich einem Ur,
waldgewitter, und im Licht der Blitze erscheinen
die furchtbaren Götter.

„Was ist Mexiko?" fragt sich die letzte Inkar,
nation des Lawrenceschen Dämons, die schöne
Irländerin Kate Forrester.

Nun, vor allem und auf jeden Fall das rätsel,
hafteste Land der Erde.

Es gibt sechs oder sieben Prozent Weisse, die
Bevölkerung besteht zur grösseren Hälfte aus Misch,
lingen, zur kleineren aus reinblütigen Indianern,
deren Vorfahren gewaltigen Hochkulturen an,
gehörten. Die Ueberreste aus jener Zeit machen
den Eindruck eines chaotischen Trümmerfeldes —
bei näherem Zusehn gewahrt man eine erstaun,
liche Geschlossenheit. Von der ältesten bekannten
Kulturschicht weiss man nicht einmal, wer auf ihr
lebte, aber der mexikanische Katholozismus ist
durchsetzt mit Anschauungen und Gebräuchen,
die über die aztekische Zeit hinaus in jene uner,

MOBILMACHUNG der GÖTTER

forschte Nacht zurückreichen. Nirgends ist eine Kultur mit so niederträchtigen Mitteln und so gründlich zerstört worden wie die aztekische von den Spaniern— und niemals ist das Blut der Besiegten so buchstäblich über die Sieger gekommen. Der Mischling bildet die herrschende Klasse. Sogar im Spanisch der ganz dünnen Oberschicht kreist der Saft zahlreicher aztekischer Lehnwörter.

Von allen Städten, die Kate Forrester sah, erscheint ihr die Stadt Mexiko als die verdorbenste. Das Laster Mexikos ist gierig und verschwiegen, gewissermassen geizig, es wuchert unter blitzenden Gebärden und sitzt tückisch selbst in der Unschuld. Es ist die älteste Verdorbenheit der Welt, ein Erbe verschollener Kulturen, deren jüngste Zeugnisse, Götterbilder und Symbole aus der nur wenige Jahrhúnderte zurückliegenden Aztekenzeit, immer noch soviel urmenschliche Angst und Grausamkeit und Wollust verraten, dass dir beim ersten Anblick die Haare zu Berge stehn. Der Tod, der Tod in seiner drohendsten Form! Der Tod, ob gegeben oder empfangen, als Schrei der höchsten Wollust, als eine aus aller Hässlichkeit und Verdorbenheit hervorbrechende, unfassliche Schönheit, die dich in einem Blitz mit dem Göttlichen, dem „Ewigen" vereint, ein unbändiges, körperliches Verlangen, über sich hinaus gerissen zu werden — zu töten und getötet zu werden . . . . Ist das Mexiko?

MOBILMACHUNG DER GÖTTER

„Kann schon sein", antwortet Mrs Norris kalt und wendet sich ab. Und das beste wäre für Kate, sie hielte es wie Mrs Norris, die Bescheid weiss. Die Grenzen eines wissenschaftlichen Interesses nicht überschreiten, die Berührung mit der furchtbaren Krankheit scheuen, sich kalt abwenden, wenn Ansteckung droht, lieber noch: schleunigst abreisen! Sie braucht sich nur für ihre weissen Freunde zu entscheiden, die um die Welt fahren und das Treiben der Menschen und den Wechsel der Landschaft betrachten, als blätterten sie in einem Roman. Ja, abreisen.

Ist es am Ende schon zu spät? . . . . Kate sitzt im Salon des alten stattlichen Hauses, das ihre Gastgeberin in einem Dorf unweit der Stadt bewohnt. Durch das Fenster sieht sie auf einen Hof, der Hof schwimmt in grellfarbigen Blumen, in der Höhe heben sich Zypressen scharf und finster vom Himmel ab. Der Himmel glüht wie Stahl.

Mrs Norris ist nach dem Tod ihres Mannes, der dreissig Jahre lang einen Gesandtenposten in Mexiko versah, zu Huitzilopochtli zurückgekehrt — nicht aus ungesunder Neugier, nein, als Archäologin. Kate betrachtet sie, wie sie herumgeht und ihre Gäste bedient, und plötzlich, Mrs Norris hat gerade mit kalter Ablehung „kann schon sein" gesagt, wird Kate unheimlich zumut. Obwohl die Dame des Hauses eine alte, hartgesottene Angelsächsin

MOBILMACHUNG DER GÖTTER

ist und sich, gleichsam zur weiteren Sicherung gegen Ansteckung, mit der „besten Gesellschaft" umgibt, obwohl sie bestimmt auch keine heimlichen Beziehungen zu Huitzilopochtli unterhält, zeigt ihr Gesicht deutliche Spuren der Verderbnis. Ihre Haut hat die grau-schwarze Farbe der Lava angenommen, aus der die Götzen im Nationalmuseum gebildet sind. Die spitze Nase, das Kinn, die leicht hervortretenden Augen sind die gleichen wie auf den aztekischen Masken, sogar den Ausdruck versteckter Ironie hat die alte Dame von ihnen angenommen. Was wollen daneben ihre europäischen Eigenschaften besagen: das sehr ausgesprochene Gefühl für Menschlichkeit, die etwas phantastische, aber humorvolle Einstellung zu den Zeitgenossen, die zur Schau gestellte Überlegenheit, wenn schon der wissenschaftliche Umgang mit den Greueln sie derart verändern konnte, dass seine Spuren wie gegossen auf ihrem Gesicht stehn!

„So oft ein Mexikaner ‚Viva' ruft, endet er mit ‚muera'," ruft eine Männerstimme im Salon. „Wenn er ‚Viva' schreit, schliesst das den Hintergedanken ein, den oder jenen vom Leben zum Tode zu befördern. Wenn ich an all die mexikanischen Revolutionen denke, sehe ich ein Gerippe an der Spitze einer Menge marschieren und eine schwarze Fahne schwingen, auf der mit grossen weissen Buchstaben ‚Viva la muerta' geschrieben steht. ‚Es lebe

MOBILMACHUNG DER GÖTTER

der Tod!' Nicht ‚Christus, der König', nein, ‚Es lebe der allmächtige Tod!' Vorwärts! Hoch! Hoch!"
„Ich lege aber keinen Wert darauf, ‚Es lebe der Tod' zu rufen", bemerkt Kate. „Noch nicht", antwortet die Stimme. „Erst müssen Sie eine richtige Mexikanerin werden". Kate empört sich: „Niemals!" Und wieder denkt sie: Abreisen!....
Der dunkelhäutige Herr, der gesprochen hat, ein Mann in mittleren Jahren, hochgewachsen, mit schwarzem Schnurrbart und grossen hochmütigen Augen unter geraden Augenbrauen, lächelt ironisch und blickt zu dem einzigen Mexikaner hinüber, der ausser ihm an der Gesellschaft teilnimmt. Dieser andre ist klein, kleiner noch als Kate, von schmaler, beweglicher Gestalt. In seinem Gesicht glänzen schiefgestellte, dunkle Augen unter gewölbten Augenbrauen, und am Kinn klebt, wie bei allen mexikanischen Generälen, ein Stückchen Bart. Das Gesicht erinnert an eine chinesische Maske, ohne darum asiatischen Charakter zu haben. Ein kleiner, merkwürdig abwesender und doch äusserst lebhafter Mann, ein echter Indianer, der mit leiser, eiliger, singender Stimme ein Oxford-Englisch spricht, mit ungewöhnlich weichem Tonfall.... Und doch sind seine Augen beinah unmenschlich. Er hat die Zurückhaltung eines traurigen, neugierigen Kindes, die Kate

MOBILMACHUNG DER GÖTTER

Vertrauen einflösst, aber gleichzeitig bemerkt sie an ihm einen Ausdruck teuflischer Reife, einen Anflug von Tierheit. Das ist Don Cipriano. Der grosse, wache, regsame, von Klugheit blitzende Kerl, den Mrs Norris zu den gebildetsten Männern des Landes zählt, heisst Don Ramon und ist Haziendabesitzer.

Kate reist nicht ab. Sie schickt ihre weissen Freunde weg und folgt den dunkelhäutigen in das Innere des Landes, nicht ganz freiwillig, sie will noch oft abreisen, zum Schluss noch, als sie bereits im Glück einer neuen Ehe lebt — aber unwiderstehlich hingezogen.

Das hohe Spiel um die Götter hat begonnen.

Um es gleich zu sagen: das Spiel endet mit einer verschleierten Niederlage. Und dies trotz eines Götterspukes, der an Pracht und Schauerlichkeit nichts zu wünschen übrig lässt, trotz Revolution und Huitzilopochtlis und Kestalcoatls Thronerhebung in den christlichen Kirchen, trotz fabelhafter Feste und Gottesdienste im Freien, trotzdem, mit einem Wort, das Haupt der Verschwörung, Don Ramon, angeblich das Spiel gewinnt.

Er gewinnt es als Dichter, nicht als Politiker. Politisch bringt er es nicht weiter als der arme Känguruh, ob er gleich zum Schluss als Sieger dazustehn scheint. Sein Vertrauen bezieht sich auf

MOBILMACHUNG DER GÖTTER

die Zukunft — die Gegenwart rechtfertigt es nicht. Don Ramon ist genau ein so grosser Dichter wie Lawrence, seine lyrische Vision überzeugt ästhetisch. Es entspricht ihr keine, wie immer geartete politische Wirklichkeit. Ein blutiger Spass — das ist alles. Lawrence verschweigt die Niederlage. Zu wahrhaftig, um ein glaubhaftes happy end zu erfinden, muss er sich zu einem billigen Romanschluss bequemen. Die tolle Geschichte endet wie der übliche englische Gesellschaftsroman, und Cäsar dreht dem Dichter schon wieder eine Nase.

Um dem Volk die „Stimme seines Blutes" wiederzugeben, setzt Don Ramon die alten Götter gegen die neuen ein, er macht sich zum Medizinmann und Zauberer, um die eingewanderten Geisterbeschwörer aus dem Felde zu schlagen. Er rührt den Urschlamm auf, um bestenfalls zu erreichen, dass die sichtbare Kultur darin versinkt.... Seine Götter und Symbole haben nur noch negativen Wert, sie können einer politischen Bewegung als Vernichtungswerkzeuge dienen, sie bleiben darum doch tot und verschollen wie die Menschen, die sie schufen und sich mit ihrer Hilfe regierten. Dem lebenden Geschlecht aber fehlt die Kraft, sich neue Götter zu schaffen.

Zur Beweisführung bedient Lawrence sich eines Mittels, das man die *Sophistik der Metapher* nennen könnte. Von der Wahrheit des dichterischen

MOBILMACHUNG DER GÖTTER

Bildes schliesst er auf die Wahrheit des Vorganges, den es bezeichnet. In Wirklichkeit spielt sich der Vorgang auf einer ganz andern Ebene ab. Es ist ein Mittel, das auch Berufspolitiker gern gebrauchen. Der Dichter weiss es glänzender zu handhaben als der Politiker. Es ist für ihn auch ein legitimeres Mittel. Dennoch führt es zu den gleichen Trugschlüssen. Und zuweilen wird im Eifer, etwas damit beweisen zu wollen, sogar schon das Bild verkehrt, wie wir gleich sehn werden.

Jedem Land seinen Heiland, verkündet Lawrence, jedem Volk seinen Erretter. Die Blätter eines Baumes, er mag noch so gross sein, können nicht an den Aesten eines andern Baumes hängen (richtig), und ebenso wenig können die Rassen der Erde sich vermischen (falsch). Jede von ihnen muss ihren Weg gehn, oder aber sie überwuchern einander, und ihre Wurzeln bedrängen sich in einem Kampf auf Leben und Tod. Jedes Volk soll dem Gotte dienen, der die Sprache seines Blutes spricht und ihm seine Persönlichkeit sichert. Die Teutonen sollen wieder im Geist von Thor und Wotan und der Esche Igdrasil denken lernen, die druidischen Länder begreifen, dass ihr Geheimnis in der Mistel liegt und sie selbst die verschütteten, aber immer noch lebenden Tuatha von Danaan sind. Dann wird den Mittelmeervölkern ein neuer Hermes erstehn, ein neuer Astharoth in Tunis, Persien wird Mithra

MOBILMACHUNG DER GÖTTER

wiederkommen sehn und China seinen ältesten Drachen.

Die Wurzeln der Bäume, heisst es dann, können sich nicht ohne Lebensgefahr vermischen, aber die Blumen, die vermögen es.

Das Bild scheint richtig, wenn man an einen Garten oder lichten Wald denkt, wo die Bäume in grossen Zwischenräumen stehn, indes die Blumen sich zusammendrängen. Aber es scheint eben nur richtig. Im Verhältnis zu ihrer Grösse sind Blumen genau so anspruchsvoll wie Bäume. Auch lassen sich verschiedenartige Bäume sehr wohl mischen, Buchen, Tannen, Eichen, Ulmen, Eschen, es gibt mehr Mischwälder als andre, und selbst in unsern Breitegraden bleibt immer noch Raum genug für die Entwicklung eines kräftigen Unterholzes.

Ein dichterisches Bild hat die Wirklichkeit in den Kern zu treffen, sie gleichsam in einer poetischen Formel zusammenzufassen. Andernfalls bewirkt es gerade das Gegenteil — es übt an der Wirklichkeit Verrat und stiftet Verwirrung. Hier aber, bei unserm Beispiel entspricht es nicht nur nicht der Wirklichkeit, es stellt die Unhaltbarkeit einer Behauptung bloss, die man sich sonst womöglich hätte gefallen lassen. Wenn man sich das Bild aus dem Kopf schlägt, wird man das Folgende immerhin erwägenswert finden.

MOBILMACHUNG DER GÖTTER

Die Blüte einer jeden Rasse, fährt Lawrence fort, die natürliche Aristokratie, die Elite der Rasse, aber auch nur sie allein kann sich über die Rasse erheben und international oder kosmopolitisch oder kosmisch sein und ihren Geist von Blume zu Blume fliegen lassen und allmählich die grossen Bäume befruchten. Neben der Verschiedenheit der Völker muss es eine organische Einheit der Welt geben, die Welt muss die Welt des Menschen sein. So mögen denn die Herrn des Westens im Tal der Seelen den Herrn des Ostens begegnen. Die Erde hat Täler, die nicht dem Handel und der Industrie gehören.... Vorläufig gilt es, Mexiko seinen alten Göttern zurückzugeben, damit das Volk die Sprache seines Blutes wiederfindet, und eine Auslese der vornehmsten Geister zu treffen, die sich mit den Aristokraten der übrigen Welt vereinigen werden....

Was kann dies, um den etwas langatmigen Exkurs hier abzubrechen, sonst wohl bedeuten, wenn nicht den Rückfall in einen Zustand, den wir mit vollem Recht als Barbarei empfinden? Wenn nicht einen leichtsinnigen Propagandaspaziergang von Ramons, Strohhut und weissseidener Anzug, in eine auch für ihn finstere und fragwürdige Vergangenheit? Es ist der Versuch, mit Hilfe der alten Götter einen Putsch gegen die neuen zu veranstalten, ohne der alten im geringsten sicher zu sein.

MOBILMACHUNG DER GÖTTER

Davon abzusehn, dass Götter keine Homunkuli sind und sich weder künstlich erschaffen, noch willkürlich ins Leben zurückrufen lassen, dass ferner die mexikanischen Götter zugegebenermassen verfault sind und nur als Elemente der Verderbnis und des Lasters in neueren religiösen Formen weiterleben, wie sollte der Kampf anders verlaufen, als dass sich die feindlichen Götter gegenseitig auffressen bis auf die jüngsten und kräftigsten — die als Gefässe aller Lasterhaftigkeit und Grausamkeit übrigblieben? Wer einer Menge im Zeichen des Kaisers die „Stimme des Blutes" und den allein seligmachenden „Instinkt" predigt, die Vernunft unter die „blutmässigen Werte" herabsetzt und noch den Rest von Gesittung mit einem „Mythus" vernebelt, der läuft Gefahr, das Volk in eine Horde von Schwachsinnigen und verkniffenen Amokläufern zu verwandeln. Entweder du weisst es, oder du weisst es nicht. In beiden Fällen gehörst du rechtzeitig eingesperrt. Keineswegs aber darfst du erklären: „Verstehn Sie, Señora, für mich ist Ketzalcoatl nur das Sinnbild der menschlichen Vervollkommnung in einer nahen Zukunft". Das ist entweder verlogen oder idiotisch.

Und das ganze grosse Spektakelstück, guter Lorenzo, immer und immer wieder von neuem aufgezogen — nur wegen des bischen „Kolonie" und „Keimzelle der neuen Menschheit?" Wegen

MOBILMACHUNG DER GÖTTER

dieser fixen Idee, in der dein Geltungsdrang und wohl auch die Angst vor der wirklichen, nicht nur eingebildeten Einsamkeit dich gefangen hält — wider dein besseres Wissen? („Es ist das grösste Geheimnis, wie man sich auf dieser Welt beneh, men soll: einsam bleiben und über sich urteilen in der Tiefe des Herzens.") Bildet nicht dein poli, tischer Messianismus schon in der privaten Form deiner „Kolonie" den Zankapfel zwischen dir und deinen besten Freunden, deinen lebenslänglichen Aerger? Du begehst die Sünde wider den Heili, gen Geist, wenn du auf einem Gebiete fabulierst, das dem Kaiser gehört.

Hingegen ist es erlaubt, schön und erregend, es dort zu tun, wo von deiner eigensten Seele die Rede geht, von deiner eigenen Erlösung und den andern Dingen, die „Gottes sind".

Wie Kate Forrester sich zu Huitzilopochtli und Ketzalcoatl verhält, das lässt sich hören! Es lockt nicht die Bluthunde hinter dem Ofen hervor. Hier handelt deine Beredsamkeit nicht vom Gebiet der grossen Zahl, wo Cäsar, sein Pomp und seine nie, derträchtigen Werke gebieten. Das Drama spielt in der Abgeschiedenheit des Gewissens. Indem du auf das Menschliche zurückgehst, wirfst du die Masken, in denen die Gesellschaft dich tanzen lassen will, ab, und wirst mehr als ein Mensch. Nur

MOBILMACHUNG DER GÖTTER

50. Auf dem Gebiete Cäsars verschwinden die Masken niemals, sie werden nur gewechselt.

Vor zehn Jahren hörte man behaupten, die grosse Sklavenbefreiung, in deren Zeichen wir stünden, würde durch Versuche des einzelnen, sich erst einmal selbst zu befreien, eher aufgehalten, als gefördert. Dies sollte ebenso für den innern wie den äussern Vorgang der Befreiung gelten. Man sprach höhnisch vom „Privaten". Aus der wirtschaftlichen Befreiung, hiess es, würde sich die menschliche von selbst ergeben — wie es bei den Kirchenvätern geschrieben steht. Sollten die Proletarier etwa warten, bis die Herren Dichter mit ihrer inneren Befreiung fertig wären?

Die Dichter liessen es sich zum grossen Teil gesagt sein und halfen beim Kassenkampf mit, indem sie den Kapitalisten im Parkett den Teufel gründlich an die Wand malten.... Der Erfolg ihrer Bemühungen gehört der Geschichte an.

Diese Dichter, höre ich einwenden, teilen das Schicksal der Arbeiterklasse — sollten sie mehr zu bedauern sein als diese? Gut. Aber angenommen, die Arbeiterklasse habe die ihr ausdrücklich zugewiesene Aufgabe, *sich selbst zu befreien*, mit jener Kraft verfolgt, die der Mensch bei seinen eigensten Angelegenheiten zu gebrauchen pflegt — von den Dichtern lässt sich das gleiche jedenfalls nicht behaupten.

MOBILMACHUNG DER GÖTTER

Heute, im Zeichen der rückläufigen Bewegung, geht das Geschwätz unverändert weiter. Die Konkurrenz hat es einfach übernommen. Wir leben im Jahrhundert des unverschämten Plagiats. Genug, wenn man die Kulissen etwas anders anstreicht und den Sprechchören eine neue Kappe aufsetzt. Von den auftretenden Personen sind nicht nur die Heldenväter die selben wie gestern. Man versucht es, bei gleichbleibender Gemütsverfassung, ,,einmal anders herum". Und das ,,Private" gilt noch immer als das Merkmal des räudigen Schafes.

Der Mignon-Glaube des deutschen Idealismus, man müsse ,,scheinen", bis man ,,werde", war ein katastrophaler Irrtum. Du wirst nie, was du scheinst, und kannst froh sein, wenn du eines Tages scheinst, was du bist. Hier werden wir seit anderthalb Jahrhunderten mit der törichtsten Form des Determinismus belästigt. Sie hat namenloses Unheil angerichtet. Der sogenannte Liberalismus ist von ihr verseucht, und sie bleibt das Haupt- und Glanzstück des ,,Antiliberalismus".. Dem gegenüber gilt es erst recht, auf der Freiheit des Willens zu bestehn und der daraus folgenden Verantwortlichkeit vor dem eigenen Gewissen. Die Hälfte aller Kunst besteht und bestand von jeher aus Zwiegesprächen mit dem Gewissen. Es ist die Quelle jeder Menschlichkeit. Wenn sie spärlich zu fliessen beginnt oder gar versiegt, werden die Menschen

MOBILMACHUNG DER GÖTTER

Verbrecher und grössenwahnsinnige Teufel. Noch nie war das beispielhaft „Private" so wichtig. Wir sind in die Ecke gedrängt, in den letzten Winkel, den Cäsar uns zum Atmen lässt!

Der schönste Lorbeer, der einzige, der nicht welken wird, gehört D. H. Lawrence für seine Unerbittlichkeit im Kampf um das freie, sich selbst verantwortliche Gewissen.

Er war der anti-autoritärste Mensch von der Welt. So allein ist sein Verlangen nach der „mystischen Autorität" zu verstehn. Er wollte die Autorität in die Hände einer freien, natürlichen Elite legen. Sie sollte ihre Geltung keiner äussern, immer nur scheinbaren, angemassten Autorität verdanken, auf keinem, wie immer gearteten Gewissenszwang beruhn. Er wünschte das Heraufkommen eines echten Kaisers, um die Kaiserlinge unten zu halten. Sein „Diktator" war eine platonische Idee.

Im Augenblick, da sie kaiserliches Gebiet betrat, enthüllte sie sich als blutige Narrheit. Er verstand nichts von diesem Gebiet, zu seiner Ehre sei es gesagt. Sein Kampf, so gesehn (und er ist nicht anders zu verstehn) bleibt lehrreich genug. Licht fällt vom einem Gebiet auf das andre.... Und dort, wo er sich auskannte, im Bezirk der menschlichen Seele und ihrer Abenteuer, ist er gross und unübertrefflich. Er war ein sprachgewaltiger

MOBILMACHUNG DER GÖTTER

Dichter und als Sucher und Bekenner von der letzten Wahrhaftigkeit — und deshalb im persönlichen Umgang ein bezaubernder, ein unerträglicher Bursche, je nachdem, wie man es traf.

Bezeichnenderweise fand er Strindberg und Dostojewski unausstehlich. Dabei hatte er mehr als nur einen Zug mit ihnen gemein.

Er fand sich selbst unausstehlich, sodass er sein Ebenbild, den Rampion in Huxleys „Kontrapunkt" nicht wiedererkennen wollte, obwohl alle Welt mit den Fingern auf ihn zeigte. „Ihr Rampion", schrieb er zornig an Huxley, „ist die langweiligste Gestalt des Buches: ein Sack voller Luft!"

Eine Orgel ist das auch. Und da Huxley in dem Buch Klaviatur und Register der Orgel nicht anrühren durfte, ohne ein Plagiat an Lawrence zu begehn, hatte der garnicht einmal so unrecht.

HUITZILOPOCHTLI

Als Frieda die Erinnerungen der Frau Mabel Dodge Luhan „Mein Leben mit Lawrence" las, war sie erstaunt. Sie erkannte ihren Lorenzo (so wurde Lawrence im engeren Kreis genannt) nicht wieder, wenigstens nicht den, der er zuletzt gewesen war. Nach ihrer Meinung hatte ihn Taos verändert.

Die Veränderungen, die „Stirb und Werde" im Leben Lorenzos (Akzente und Intervalle in der üppig ablaufenden Symphonie) waren so zahlreich, seine Gewohnheiten im Umgang mit Menschen dagegen so eingewurzelt, dass den entscheidenden Wechsel nur bemerkte, wer in seiner Wahrheit lebte, in seinem *Werk*. Frieda durfte sehr wohl annehmen, der Aufenthalt in Taos habe ihren Mann und sie selbst von Grund aus neu geformt. (Der Bereitwilligkeit, sich dem Leben zu unterwerfen, daran sei hier erinnert, entsprach die Ästhetik des Dichters. Sie verwarf die „starren Charaktere" der älteren Romane, die von den Ereignissen nur äusserlich kontrolliert werden, und forderte das völlige Ergriffen- und Durchdrungensein der Gestalten durch das wechselnde Leben). Während seiner Flitterwochen mit Frieda hatte Lawrence in

HUITZILOPOCHTLI

einem Brief geschrieben, er glaube nicht an die Tragik von Tristan und Isolde, die wahre Tragik sei der innere Kampf zwischen denen, die sich lieben, der Kampf, aus dem das Wissen um die Tiefe und die Grenzen des menschlichen Mit, gefühls entspringe.... Darüber waren nun fast zehn Jahre vergangen, die Ehe in denkbar stürmi, scher Zeit hatte alle äusseren und inneren Ge, fahren überstanden. Die beiden hatten sich, wie man in jener Ecke Deutschlands, wo sie ihre Flitterwochen verbrachten, sagt: ,,zusammenge, rauft''.

Fehlte noch etwas, damit sie sich dessen ganz bewusst wurden? Ein Unterpfand, ein Kind, ein Beweis gleichsam fleischlicher Gemeinschaft? Dann konnte es nur das *Werk* sein, durch das ihr Inge, nium, ihr gemeinsam doppeltes Herz das Urteil des Lebens symbolisch vollzog. In der abseitigen, berückenden Landschaft von Taos, die mit den stillen fruchtbaren Feldern der Indianer und dem hochregenden ,,Heiligen Berg'' für sie ein Sinn, bild erfüllter Liebe und tragischen Verzichtes auf eine als unmöglich erkannte restlose Vereini, gung war, kamen sie einander so nahe wie menschen, möglich und sahen: sie waren ,,jeder für sich'' ihren Weg gegangen bis zur ,,Kreuzung der We, ge'', wo der Heilige Geist im Morgenstern lebt und ,,seine Flamme öffnet gleich einer Zelttür,

HUITZILOPOCHTLI

durch die wir beide schlüpfen". Der Morgenstern, der sie aufnahm, das Zelt, in das sie beide schlüpften, hiess: „Die gefiederte Schlange". So wurde dieser Roman unter anderm ein Hochzeitsgedicht, das Lied einer Liebe, die schon bei Lebzeiten des Dichters die Anziehung einer Legende ausübte.

Nicht zuletzt auf Mabel Dodge.

Da es aber nicht angeht, das Satyrspiel vor dem Drama zu behandeln, müssen wir erst zu Kate Forrester zurückkehren.

Kate hat ihren verstorbenen Mann so geliebt, wie eine Frau einen Mann nur lieben kann, bis an die Grenzen der menschlichen Liebe. Sie war die schaumgeborene Aphrodite, lüstern nach heftigen Empfindungen. Ihr Gatte konnte ihren Liebesgenuss nach Belieben bis zu Krämpfen der Glückseligkeit, bis zu jener bebenden Entzückung steigern, deren Raserei sich in einem Schrei entlädt, der so seltsam an einen Todesschrei erinnert. Es ist die süsseste, die gefährlichste Form der Sklaverei. Mit dieser Ausschweifung aber sicherte sich Kate, was sie ihr „eigenes Teil an der Wollust" nannte und verlangte mit ihrem ganzen Sein danach. Und dann war ihr eines Tages klar geworden, dass die menschliche Liebe Grenzen hat, und dass es ein „Jenseits" gibt.

Nach dem Tode des Gatten (ich halte mich wie-

HUITZILOPOCHTLI

der möglichst an die Worte des Dichters und versuche, seinen Tonfall in der Uebersetzung wiederzugeben — dies arbeitsame Sich-hineinknien, das die Bewegung, den Ausdruck eindringlich wiederholt und dann plötzlich aufschwebt und fliegt) hatte sich Kates Geist wohl oder übel aufmachen müssen, um über jene Grenzen hinauszudringen. Sie war nicht länger in die Liebe verliebt. Sie sehnte sich nicht mehr nach der Liebe eines Mannes, nicht einmal nach der Liebe ihrer Kinder. Ihren Mann hatte die Ewigkeit des Todes aufgenommen, und Kate hatte ebenfalls die Schranken überschritten und war in seinem Gefolge in die Ewigkeit des Lebens eingegangen. Der Wunsch nach Geselligkeit, nach menschlicher Liebe und Teilnahme hatte sie verlassen. An seine Stelle war etwas Unberührbares, Grenzenloses und Gesegnetes getreten: eine über alle Begriffe erhabene Stille.

Nun begann sich ein erbitterter Kampf abzuspielen zwischen ihr und dem ,,Leben", zwischen der Stille in der Tiefe ihres Gemütes und den fragwürdigen Zerstreuungen und Vergnügungen voll empörender Hässlichkeit. Immer wollte das mächtige, entartete Ding, das Leben, sie mit dem einen oder andern seiner zahllosen Fangarme umschlingen. Glückte es ihr aber, sich in Sicherheit zu bringen und bis in ihre wahrhafte Einsamkeit zu gelangen, dann genoss sie eines leise über sie hinzie-

HUITZILOPOCHTLI

henden Friedens, einer gesammelten Kraft, die sanft und zart ihre Blüte öffnete, ein Wunder über alle Begriffe. Es löste sich in Nichts auf, wenn man nur versuchte, daran zu denken, von so sprödem, verletzlichem Stoff war es, man konnte es mit dem besten Willen nicht benennen, und doch war es die einzige Wirklichkeit. Du sollst von neuem geboren werden! Um den Preis eines ständigen Kampfes mit dem tausendarmigen Leben, mit dem Drachen eines entarteten und verkümmerten Daseins sollst du die höchste, unbefleckte Blüte deines Wesens gewinnen --- vergiss nicht, dass sie bei der geringsten Berührung welkt. Hab acht! Hab acht!

Nein. Kate verlangte nicht mehr nach Liebe, nach Aufregungen und all dem, womit man sonst das Leben ausfüllt. Sie war vierzig Jahre alt, und in der verzögerten Morgenröte ihrer Reife öffnete sich die Blüte ihres Wesens. Vor allem galt es, sich vor körperlichen Berührungen zu hüten. Sie wünschte nichts andres als von der Stille gleichgestimmter Seelen und ihrem Duft umgeben zu sein und die Gegenwart des ewig Unaussprechlichen zu fühlen. Inmitten der Greuel, der Fieberschauer und Todesschreie, die Mexiko hiessen, glaubte sie jenes zarte Geheimnis in den schwarzen Augen der Indianer zu erraten, sie fühlte, dass Don Ramon und Don Cipriano durch all den

HUITZILOPOCHTLI

scheusslichen Lärm hindurch den erstickten Ruf ihrer Seele vernahmen. Deshalb wurde sie hier festgehalten, weit von England, weit von ihrer Mutter, weit von ihren Kindern, weit von aller Welt. Der Wunsch, allein zu sein mit der Blüte ihres Wesens, die sich entfalten wollte, in dem köstlichen und kristallklaren Schweigen, das im Innersten der Dinge wohnt, diese Frühlingsahnung hielt sie fest.

Was man mit dem Wort Leben bezeichnet, ist nur ein Fehlschluss unseres Denkens, eine Krankhaftigkeit unsers Gehirns. Warum länger auf dem Irrtum bestehn? Kate wandert tiefer und tiefer in das Land hinein. Sie fährt über einen See, wo früher die Götter wohnten, und von dem jetzt wieder viel die Rede ist: die Bevölkerung an seinen Ufern hat plötzlich begonnen, halb verschollene Kultgebräuche wieder aufzunehmen, weil sie die Rückkehr der Götter nahe glaubt.

Wie gross ist der Zauber, den der Name Ketzalcoatl bald auch auf die verwunschene Irländerin ausübt! Ketzal ist der Name eines Vogels, der oben in den Nebeln des Gebirges nistet, und dessen Schwanzfedern bei den Indianern hoch im Preise stehn. Coatl ist das aztekische Wort für Schlange. Ketzalcoatl heisst die gefiederte Schlange, das scheussliche Wahrzeichen, wie man es im Museum der mexikanischen Hauptstadt sieht, mit Zähnen

HUITZILOPOCHTLI

und Federn bedeckt und krampfhaft gewunden.
Und zugleich war Ketzalcoatl ein Gott mit klarem
Gesicht. Doch, so hat sie ihn dargestellt gesehn,
lichten Gesichtes mit einem Bart. Er ist der Wind,
der Atem des Lebens, die Augen, die unsichtbar
blicken, gleich den Sternen am lichten Tag. . . .
Kate beginnt, dem Gestaltwandel der Götter nach,
zusinnen, sie glaubt auch bei ein und demselben
Gott nicht mehr an den eindeutigen Sinn, ein Gott
muss vielfältig sein wie der Regenbogen nach dem
Gewitter. Da der Mensch sich dauernd wandelt,
wie sollte ein Gott starr bleiben wie ein Bild! Nur
im Kern seines Wesens bleibt er unverändert, wie
die Rassen im Kern ihren Wesens sich gleichblei,
ben.

Die Gewitter erschüttern den Himmel, und die
Gesichter der Götter schwanken, fern und erbost,
über unsern Häuptern. Die Götter sterben mit
den Menschen, die sie nach ihrem Bilde schufen,
aber das Göttliche gleicht dem Meer, es wogt und
donnert, nur ist das Donnern wie der Gesang der
Sphären zu gewaltig, als dass wir es mit unsern Oh,
ren vernähmen. Die Gottheit ist das Meer, das stür,
misch gegen die lebenden, erstarrten Felsen, die
Menschen, brandet und sie langsam aushöhlt und
vernichtet, und sie ist auch das Meer des Chaos im
Weltraum, das die Füsse und Knie der Menschen
umspült, gleichwie die Baumwurzeln getränkt

HUITZILOPOCHTLI

sind von den Säften der Erde. Wiedergeboren werden, die Götter selbst müssen sterben und auferstehn! Wir alle müssen auferstehn.

Ketzalcoatl ist nicht nur das chaotische Tier mit Zähnen und Federn, er hat Don Ramons kluges, energisches Gesicht. Huitzilopochtli ist nicht nur der Kriegsgott, er versinnbildlicht die Hitze des Geschlechts, seinen hinterhältigen Schlaf und die Sanftmut des Schattens rings um seine Glut. Durch die mexikanischen Nächte tönt das Tamtam der Indianertrommeln, dunkle Gestalten tanzen um das Feuer. Ein Sänger erhebt die Stimme und singt eine von Don Ramons Hymnen, und dann fällt der Chor des Volkes ein.

> Ich bin Huitzilopochtli.
> Der rote Huitzilopochtli
> Blutrot.
>
> Ich bin Huitzilopochtli.
> Sonnevergoldet.
> Sonne im Blut.
>
> Ich bin Huitzilopochtli
> Mit weissen Knochen,
> Weiss in meinem Blut.
>
> Ich bin Huitzilopochtli.
> Ein Grashalm hängt mir
> Zwischen den Zähnen.

HUITZILOPOCHTLI

Ich bin Huitzilopochtli und sitze im Schatten,
Ein roter Fleck auf dem Leib der Nacht.
Ich halte Schildwacht am Feuer.
Ich herrsche in euerm Rücken — habt acht!

In der Stille meiner Nacht
Schärft der Kaktus seine Stacheln.
Die Wurzeln der Gräser
Graben nach einer andern Sonne.

Tiefer als die Wurzeln des Mangobaumes,
Sehr tief, mitten in der Erde,
Lebt die gelbe Schlange,
Glänzend vom Licht meiner Sonne.

Habt acht auf sie!
Habt acht auf euch!
Wer meine Feuerschlange verdriesst,
Wird gebissen und muss sterben.

Ich bin das Wachsein und der Schlaf.
Der Zorn in seiner männlichsten Hitze.
Ich bin der Sprung und Widersprung
Der mühsam gebändigten Flamme.

Ramon und Cipriano, obwohl in allem verschieden, können einander gleichen, als wären sie Zwillinge. Ramon führt Cipriano, der Kopf den Leib —

HUITZILOPOCHTLI

so führt die Sonne die Erde. Die Sonne strahlt Wärme aus, ihre Wärme fällt befruchtend in den Schoss der Erde, und doch sind beide, Ramon und Cipriano, hauptsächlich Männer.

In einer gewissen Stille freilich werden sie einander ähnlich und beinahe eins. Dann hat sich das Tiefste von ihnen in der Tiefe der Erde vereinigt, auf der dunkeln Schwelle, hinter der die andre Sonne wohnt. Und dann kann ihnen auch die Irländerin Kate bis zur Verschmelzung nahe sein, obwohl sie gerade dann in einem Masse Weib ist, wie sonst nie.

Aber Kate liebt Cipriano. Und schon erwacht in ihr das Verlangen nach aphrodisischen Erregungen, nach dem Zittern der Begierde, den wollüstigen Berührungen, nach den Gewalttätigkeiten der Umarmung. Cipriano scheint es nicht zu bemerken, und kraft seiner kreatürlichen Unschuld hält er diese Form der Wollust von ihr fern, er schützt sie, indem er die Bilder veräusserlicht, sodass Kate sie zwar denken und von ihnen versucht sein, aber sie nicht in Fleisch und Blut erleben kann. Allmählich beruhigt sich das heftige Verlangen des Weibes in ihr, es sinkt auf den Grund ihres Wesens und löst sich auf, und zurückbleibt eine einzigartige Süsse und Ergebenheit, wohltuend und heilsam wie die warmen Quellen, die ohne Lärm

HUITZILOPOCHTLI

aus der Erde kommen und doch soviel geheime Kräfte enthalten.

Cipriano, in sein nächtiges, inbrünstiges Schweigen gehüllt, bringt sie zur ursprünglichen Quelle des Triebes zurück, die still, mit einer unbestimmten, gebieterischen Sanftmut fliesst. Jetzt öffnet sie sich ihm in ihrer Wärme und Süsse, und eine blinde Macht erhebt sich in ihr. Vergessen, was sie „ihr eigenes Teil an der Wollust" nannte — ihr Erlebnis ist befremdend, unaussprechlich, so verschieden von der heftigen Berührung, die unter wilden Krämpfen eine hellsichtige Entzückung hervorruft, um in einem Todesschrei, dem höchsten Schrei der Liebe zu enden. Es übersteigt bei weitem das andre, ist soviel tiefer, eine unterweltliche Kraft. Unmöglich, diesen Zustand in einem Endkrampf der Leidenschaft zu erreichen!

Kate und Cipriano haben einander beinahe nichts zu sagen. Er hüllt sich in sein Geheimnis wie in einen Mantel und belässt Kate in dem ihren. Sie fühlt seine unpersönliche Gegenwart um sich, sie lebt in ihr, und er lebt in der gleichen unpersönlichen Gemeinschaft mit ihr. Ihre Verbindung ist ausschliesslich eine Verbindung des Fleisches und Blutes. (Die witzige Novelle „Der Mann und die Puppe" von Lawrence behandelt das gleiche Thema in bürgerlicher Umgebung. Da wehrt sich der Mann aufs äusserste, von der Frau, die er liebt,

HUITZILOPOCHTLI

auf übliche Weise wiedergeliebt zu werden. Die Ansprüche liebender Frauen haben ihn sterbenskrank gemacht, er hat genug davon. Er will mit einer Frau leben, nicht von ihr vertilgt werden. Er will Achtung, nicht Liebe. Schliesslich gibt die Frau nach — ohne deshalb etwa verstanden zu haben, was eigentlich gemeint sei).

Der Kampf zwischen Kates Verlangen nach aphrodisischen Gefühlen und der naturhaften Versunkenheit des Gatten ist entschieden, da vermisst Kate noch immer jene Vertraulichkeit im täglichen Umgang, die den Frauen teuer ist. Schritt für Schritt findet sie sich auch in diese vielleicht noch schwerer zu ertragende Einsamkeit (schwerer erträglich, weil die oberflächliche Form der Vertraulichkeit über die letztliche Fremdheit hinwegzutäuschen vermag) und lernt die Besonderheit des Gatten achten, wie er die ihre im geringsten hütet. Der Mensch kann nicht vereinigen, was die Natur auseinanderhält! Kein lebendes Wesen vermag sich über den Gegensatz hinwegzusetzen, weder in sich selbst, noch im andern. Denn der Gegensatz schafft das Leben, und die einzige wahrhafte Hochzeit im Geist ist der Tod....

Der Mensch aber, der nichts sein will als Mensch, ist mehr als ein Mensch!

Während in der Ferne leise eine Trommel tönt, erhebt sich aus der Stille des Morgens am See ein

HUITZILOPOCHTLI

Lied. Ein Eingeborener singt es, aber es ist *ihr* Lied, das Lied zweier Menschen, die nichts sein wollen als jeder für sich ein Mensch, und deshalb mehr sind als Menschen. Sie leben einig mit den Göttern im Bund, den drohenden und entzücken⸗ den Sinnbildern der Fremdheit alles Geschaffenen im Himmel und auf Erden. In uns und über uns lebt die panische Angst. Das Meer der Gottheit rollt und donnert unaufhörlich, es höhlt uns aus und vernichtet uns. Wir Menschen lieben und singen.

Mein Weg ist nicht der deine, und dein Weg ist
                                                [nicht der meine.
Komm' aber, komm', bevor wir uns trennen.
Wir wollen jeder für sich dem Morgenstern entge⸗
                                                [gengehn
Und dort uns treffen.

Ich will dir nicht meinen Weg zeigen,
Noch dich rufen: Oh komm!
Aber der Stern ist der gleiche für uns beide,
Wunderlich bezaubernd.

Das gute Ich in mir wandert in die Ferne
Dem Heiligen Geist entgegen.
O du, in deinem Zelt der gegabelten Flamme,
Komm uns entgegen, du, den ich über alles liebe!

HUITZILOPOCHTLI

Jedem sein ewig eigener Weg —
Doch gehn wir beide ihm entgegen: wo die Wege
                        [sich kreuzen,
Dort steht er und bebt vor Liebe und öffnet seine
                        [Flamme
Gleich einer Zelttür, durch die wir ungesehn
                        [schlüpfen.

Ein Mann kann nicht leise gehn wie eine Frau,
Eine Frau nicht grosse Schritte machen wie ein Mann
Einsam rührt sich ihr Schattenbild
Im Blattwerk des Schattens, wie es kann.

Doch am Morgen und am Abend,
Da schlägt der Stern sein Feuerzelt auf,
Wir wollen uns vereinigen wie die Zigeuner, ohne
Woher der andre gekommen.   [zu fragen,

Was verlange ich? Nichts, als
In das Zelt des Heiligen Geistes zu schlüpfen,
Im Haus der gegabelten Flamme zu wohnen,
Gast meines Wirtes.

Dann sei du bei mir, o mein Weib!
Sei da in deinem Fleisch
Und lass die Flamme uns umgarnen.

  Der letzte Auftritt des Romans führt noch ein-

HUITZILOPOCHTLI

mal das Dreigestirn Ramon, Cipriano, Kate zusammen.

Kate und ihr Gatte sind so einig geworden und die Einzigkeit eines jeden durch die Bejahung seiner unbetretbaren Einsamkeit zugleich so bestimmt, dass eine Trennung nichts an ihrer Beziehung ändern könnte. Sollte Kate nicht wenigstens für kurze Zeit wegreisen, wenn auch nur, um aus der Entfernung einen Blick auf den Gipfel ihres Lebens zu werfen? Die beiden Männer, die ihr Werk weiter verfolgen, brauchen sie nicht — Kate fühlte es deutlich, als sie soeben, ihr Zwiegespräch unterbrechend, hinzutrat und beide verstummten. Und sie spricht es aus — trotz allem wird die europäische Frau durch das „Halt!" an der Tür des Männerhauses in ihrer tiefsten Eitelkeit verletzt. Sie spricht es aus, obwohl sie genau weiss, dass sie die andern womöglich noch weniger braucht, dass sie im Grund niemand braucht ausser sich selbst. Während Cipriano mit leidenschaftlicher Stimme ruft: „Doch! ich brauche dich!", sagt Ramon eiskalt: „Sie sind es, die uns nicht brauchen, Sie! Lassen Sie uns aus dem Spiel! Tun Sie, wozu es Sie treibt! Wir nehmen kein Opfer an!"

„Und wenn es mich treibt wegzugehn?"

„Dann gehn Sie! Unbedingt!"

Kate, in die Enge getrieben, hilft sich, wie Frauen sich in solcher Lage zu helfen pflegen, und bricht

HUITZILOPOCHTLI

in Tränen aus. Es erfolgt unverzüglich, was sie erwartet. „Er hat dir nichts zu sagen!" ruft Cipriano. „Du gehörst ihm nicht".

„Er hat recht", sagt Ramon. „Hören Sie nicht auf mich".

Kate gewinnt ihre Ruhe zurück, trocknet die Tränen und wendet sich hilfesuchend an Cipriano. Er steht aufrecht vor ihr, ein kleiner Mann, lebhaft und streitbar — ein Indianer, der einen Schritt vom Kriegspfad wegtrat, um mit einer Frau zu sprechen. Auch vor ihm fürchtet sie sich ein wenig, ja, auch vor ihm.... Unter ihrem Blick nehmen seine schwarzen Augen plötzlich einen seltsamen Glanz an.

„Du willst nicht, dass ich fortgehe?" fragt sie mit flehender Stimme.... Und so endet der Roman: „Ein etwas törichtes Lächeln breitete sich langsam über das Gesicht des Mannes, und sein Körper wurde von einem leichten Schauder geschüttelt. Dann sagte er mit seiner sehr sanften indianischen Aussprache des Spanischen, die kaum das r betonte: ‚Yo! Yo!' und seine Brauen hoben sich in belustigtem Staunen. ‚Te quiero mucho' Mucho te quiero! Mucho! Mucho! Ich liebe dich, liebe dich sehr.

Die Worte rollten so sanft in diesem sanften, warmblütigen Mund, dass Kate ein Zittern befiel.

HUITZILOPOCHTLI

‚Du wirst mich nicht fortlassen' sagte sie."

In Taos, während er die ,,Gefiederte Schlange"
schrieb, zeichnete Lawrence den Phönix, der auf
seinem Grabe steht.

MABEL

Mabel Dodge Luhan war einer jener kosmopolitischen Snobs, wie die angelsächsische Wel tsie serienweise hervorbringt.

Zu Ruskins Zeiten hätte sie die italienischen Kirchen durchstöbert und sich mit ästhetischen Entzückungen begnügt. Das Feld, das der aufgeklärte Kannibalismus der Psychoanalyse ihr eröffnete, war bunter, erregender. Da sie obendrein Amerikanerin war, Tochter eines breitschultrigen, schwerreichen Herrn aus Buffalo, und bereits eine Anzahl von Männern verbraucht hatte, stürzte sie auf Totem und Phallus los wie auf das ewige Heil. Eines Tages entdeckte sie, dass die echten Totems nicht aus Wien und Zürich kamen, sondern aus beträchtlich dunkleren Erdteilen. Sie verlegte ihre Tätigkeit von den ,,Intelligenzhügeln" bei Florenz, wo sie die nach Raffaels Plänen gebaute und von ihrem dritten Mann, dem amerikanischen Architekten Dodge, wiederhergestellte Villa Curonia bewohnte, nach Neu=Mexiko, liess sich wiederum scheiden und heiratete den Indianerhäuptling Tony Luhan in Taos. Die Kraft, Tony in offener Feldschlacht Frau und Kindern und seinem Stamm zu entreissen, schöpfte sie aus der Behandlung, die zwei hervorragende Nerven=

MABEL

ärzte ihr kurz vorher hatten angedeihen lassen.

Als die Flitterwochen mit Tony und den Totems vorbei waren und sie sich in jeder Hinsicht erholt fühlte, erwachte in Mabel die Sehnsucht nach neuen Taten. Statt, wie sie sich in ihren Erinnerungen witzig ausdrückt, aufgeregte und tyrannische Psycholanalytiker gegen 20 Dollar die Stunde zu beruhigen, suchte sie nun ihrerseits Befriedigung in einer schöpferischen und, das versteht sich bei ihren Ansprüchen am Rand, womöglich genialen Natur. Tony hatte sie zwar die echte Liebe gelehrt, aber er empfand weder das Bedürfnis zu reden, noch sie reden zu hören. Tony „verstand sie mit den Poren der Haut und durch Innenschau", Wenn die Bande von entlaufenen Nervenkranken und internationalen Sensationsjägern um ihren Tisch herumsass und schwatzte, zog Tony die Kapuze über den Kopf und versank in Schweigen, vielleicht in Schlaf.

Mabel fand das in Ordnung, sie hatte Tony nicht geheiratet, um mit ihm zu reden. Andrerseits hatte sich im Verlauf ihres abenteuerlichen Lebens so viel in ihr angesammelt, was nach Ausdruck schrie, dass ihr weiblicher Geist, wie sie sagt, die männliche Ergänzung vermisste. In der Versunkenheit, worin sie mit Tony lebte, hielt sie Ausschau nach einer Feder, die sie erlösen könnte. Ihre Wahl fiel auf Lawrence.

MABEL

Sie hatte einige seiner Bücher gelesen, man hatte ihr viel von ihm erzählt. Ebenso war ihm geläufig, was man sich in Florenz über sie und den Hof, staat von Künstlern, Snobs, Narren und Heilkun, digen aller Art zu berichten wusste, der einst die Villa Curonia belebte. Sie schrieb ihm, lockte ihn mit allerhand Zauberkünsten und übte sich für das bevorstehende Match zwischen ihr und ,,dem einzigen, heute in Betracht kommenden Manne" ein, indem sie, auf Nietzsche und Freud als Trainer gestützt, fleissig Lawrence las.

Er warnte sie: ,,Für mich ist ein Nervenkranker ein halber Teufel, ein geheilter Nervenkranker aber ein ganzer. Nach ihrer Heilung eignen sie sich bis zur Vollendung eine bewusste und selbsttätige Kontrolle an, und gerade diese bewusste und selbst, tätige Aufsicht finde ich ekelhaft". Mabel war ge, kränkt, aber sie liess nicht locker, im Gegenteil, die mehr oder minder versteckten, mit Freundlich, keiten unvermittelt abwechselnden Drohungen steigerten ihren Eigensinn.

Sie schickte ihm Kräuter und Wurzeln, denen die Indianer Wunderkräfte zuschreiben und von denen er (wenigstens soweit man nach seinen Brie, fen an Mabel Dodge urteilen kann) ohne Wim, pernzucken Kenntnis nahm. Frieda belustigte der Geisterkampf. Sie meldete sich mit einem freund, lichen Brief, bekam einen noch freundlicheren

MABEL

als Antwort und später eine indianische Halskette. — ohne Zauberkräfte. Die Gattin des Dichters, durch Innenschau als „schädliches Weibchen" erkannt, verdiente nicht, in den Zauberkreis einbezogen zu werden, dafür war sie in zu hohem Grade rohe Materie. Mit ihr gedachte Mabel an Ort und Stelle fertig zu werden. Lorenzo hingegen wurde magnetischen Fernstrahlen ausgesetzt, deren Wirkung allerdings mehr auf Mabels brieflichen Erläuterungen beruhte, die jedoch Lawrence allmählich einen solchen Schrecken einjagten, dass er die Abreise mehrmals verschob und sich dann der Hexenküche nur auf Umwegen zu nähern wagte. Er fuhr über Ceylon und Australien nach Amerika.

Frieda entschuldigte ihn: „Wir wollten direkt zu Ihnen nach Taos, und nun wird nichts daraus. Lawrence erklärt, er fühle sich noch nicht stark genug für die Begegnung mit Amerika. Durch Buddha gestärkt, wird es uns leichter sein, dem lärmenden, ungestümen Amerika die Stirne zu bieten. Wir schlagen Ihnen folgendes vor: besuchen Sie uns in Ceylon, und dann gehn wir mit Ihnen nach Taos". Das „wir" der kleinen Bestie ärgerte die Zauberin. Lawrence entschuldigte sich seinerseits: „Es ist scheusslich von uns, für den Augenblick auf Taos zu verzichten. Aber ich habe Belams Eselin im Leib, und ich vermag mich nicht vom Platz

MABEL

zu rühren, wenn ich das Gesicht nach Westen kehre. Es ist stärker als ich . . . . Ich komme bestimmt. Aber auf einem Umweg. Stossen Sie zu uns in Ceylon".

Die Hexenmeisterin hinten in Taos verstand. „Ich wusste, was das bedeutete", notiert sie in ihrem „Leben mit Lawrence". „Sie hatten Angst. Sie wollten mich sehn, mich beschnüffeln, vielleicht sogar in die Frucht hineinbeissen, aber mit der Möglichkeit, den Bissen auszuspucken, falls er nicht nach ihrem Geschmack war". Mabel knirschte wie einer jener ganzen Teufel, als welche geheilte Nervenkranke nach Lawrence zu gelten haben, und hütete sich, nach Ceylon zu gehn. Statt dessen setzte sie den Widerspenstigen unter erhöhten Ferndruck. Bevor sie zu Bett ging, stieg sie in ihre tiefste Tiefe hinab, wo „eine gewaltige Kraft wohnt, die nur darauf wartet, auf ein bestimmtes Ziel gerichtet zu werden". Dieser Kraft gab sie Form, sprach auf sie ein, verwandelte sich in sie, ballte sich mit ihr zusammen und schnellte wie ein Meteor in den Raum hinaus, um sich mit dem Tiefsten in Lawrence zu vereinigen, ob sie nun in Indien auf ihn stiess oder in Australien. „Komm, Lawrence, komm nach Taos!", erklärt sie uns, wurde in ihr: *Lawrence in Taos*. Also eine Tatsache. „Eine solche Tätigkeit", bemerkt sie, „hat nichts mit Gebet zu tun" (wofür Mabel na-

MABEL

türlich viel zu aufgeklärt war), ,,es bedeutet die Übung in der Befehlsgewalt''.

Nicht genug damit, ruft sie, als der neue Thannhäuser sich in Australien verliegt, Tony und ,,seinen ungeheuern Einfluss'' zu Hilfe. Sie erklärt ihm, Lawrence werde der Sache der Indianer dienen und dem roten Mann mit seinen Schriften zu neuer Macht verhelfen. Obgleich Tony jede Form von Beredsamkeit für verpuffte Energie hält und lediglich an die Macht der Schweigsamen und Verborgenen glaubt, gelingt es Mabel, ihn zu überreden (wie denn auch nicht!) und dadurch uralte Zauberkräfte für ihre Absicht freizumachen. Nun sind sie also zwei, die sich in der Stille und im Dunkel der Nacht zum Willen, zum Befehl zusammenschliessen: Lawrence in Taos!

,,Als er kam'', stellt sie schadenfroh fest, ,,hatte sich der ,diabolische Wille der Amerikanerin', das Prinzip weiblichen Eigensinns, das er so hasste, durch seine Verspätung lediglich verstärkt''.

Mabel fuhr nach Santa-Fé und zwanzig Meilen weiter, um ihre Gäste in Empfang zu nehmen — eine entsetzlich umständliche und mühselige Autofahrt auf schlechten Wegen, betont sie in ihrem Bericht. Und wer eilte da auf sie zu, als der Zug hielt, gross, blühend, gut gebaut, in hellem Kleid,

MABEL

einen Ausdruck von Geschäftigkeit auf dem rosigen Gesicht? Die kleine Bestie namens Frieda.

Mabel verschlug es den Atem. Sie hatte bisher nur mit Bettkatzen verschiedener Grösse gekämpft. Nichts hätte eine Amerikanerin und internationale Zigeunerin mehr einschüchtern können als eine authentische grosse Dame. Name und Herkunft machten es nicht, das wusste sie aus Erfahrung. Aber hier traten die vornehmsten Lesefrüchte, Rasse, Herrenmensch, blonder Eroberer, ihr leibhaftig entgegen, in helles Licht gesetzt durch die falsche Natürlichkeit der Person. Bei näherem Zusehn freilich entdeckte sie an Frieda grüne Augen, die ihr auswichen, einen etwas schiefen Unterkiefer. Der Mund stand offen und glich der Mündung einer grossen Kanone. ,,Überhaupt war Friedas Mund immer wie die Mündung einer grossen Kanone''.

Daneben kam Lawrence angetrippelt, sehr eilig, mit kleinen Schritten — so zerbrechlich neben der ,,massiven'' Frieda! Er wirkte älter, als er war, er hatte einen roten Bart und schien äusserst nervös und ungeschickt. Dauernd verzog er das Gesicht zu Grimassen, wusste nicht, wohin mit seinen Gliedmassen und grinste. ,,Tony und ich'', behauptet sie, ,,wir kamen uns über alle Massen steif und stumpfsinnig vor''. Dies mag allenfalls auf Tony zutreffen. Mabel blieb wach genug, um den ,,blitz-

MABEL

schnellen Blick" zu erhaschen, „mit dem das Weibchen" dem gewaltigen Indianer „Mass nahm". Um ferner zu bemerken, wie Friedas Wahrnehmungen sich sofort auf Lawrence übertrugen und der Funke der „Zustimmung", mit dem sie das fremde Männchen bedachte, auf ihn übersprang, sodass er „vor Wut erbebte, sich von der eigenen Frau in der geschlechtlichen Rangordnung derart herabgesetzt zu fühlen".

Ach! Mabel erkannte es auf den ersten Blick: zu Lorenzo gelangte das Leben ausschliesslich durch die Vermittlung Friedas. Frieda aber war ein vollkommenes Geschlechtswesen und sonst nichts. An sie gekettet, blieb Lawrence unvollständig und begrenzt. Wie ein „zartes Lamm" rüttelte er an dem Pflock, an den er gebunden war.... Mabel wird ihn losbinden. „Er ist über dieses Stadium hinaus, er braucht ein andres Reizmittel — den Geist.... Eine umfassendere, höher entwickelte, gereinigte Kraft, wie sie auf den ursprünglichen Geschlechtstrieb folgt, und für die er längst reif war". Er hatte bisher nur nicht die Frau gefunden, aus der er sie hätte schöpfen können. Auf den klotzigen Tony gestützt, „wünschte sie heftig, diese Frau zu sein, ihm diese Hilfe zu bringen".

Auf der Heimfahrt blieb das Auto plötzlich stehn. Während Tony den Motor untersuchte,

MABEL

betrachtete Lawrence den wunderbar bestirnten Himmel, bis Frieda in ihrer Ungeduld ihn etwas unwirsch aufforderte, Tony behilflich zu sein. Lawrence antwortete, er verstehe nichts von Automobilen, und überhaupt hasse er die stinkenden und launischen Ungetüme. „Was du alles hasst!" meinte Frieda.... Mabel in ihrer tiefsten Tiefe strahlte, und Tony, der den Wagen endlich wieder in Gang brachte, meinte abergläubisch:

„Es muss eine Schlange in der Nähe sein".

Wie begonnen, entwickelte sich die Komödie weiter. Sie nimmt in der Rückschau, durch das Buch der Mabel Dodge gesehn, klassische Form an als Satyrspiel zur „Gefiederten Schlange".

Bald nach seiner Niederlassung in Taos ging Lawrence mit Tony zu den Apachen und nahm an ihren Festen teil.

In der kurzen Zeit seiner Abwesenheit befreundete sich Mabel aufs innigste mit Frieda. Sie fand ihren Umgang „angenehm: sie hatte, wie ich, die Gabe, unvermittelt vertrauliche Beziehungen herzustellen, was im Vergleich mit dem gewöhnlichen Verkehr das gleiche ist wie ein lebendiges Kind neben einer sprechenden Puppe. Ein Strom von Wärme kreiste lebhaft und ungezwungen zwischen uns. Aber Lawrences Rückkehr schnitt den Strom gleich wieder ab" — der sich, so versichert Ma-

MABEL

bel, nunmehr zwischen ihr und Lawrence ein,
schaltete. ,,Er lenkte ihn gewissermassen ab".
Vorbeugend macht sie eine wichtige Feststellung:
,,Es wurde mir klar, dass Lawrence und Frieda sich
bemühten, ihren Beziehungen die Eigenschaft
einer gleichbleibenden, chemischen Zusammen,
setzung zu erhalten. Sobald der ungebändigte,
schweifende Trieb des einen sich von einem frem,
den Element angezogen fühlte, hielt der andre ihn
unverzüglich auf. Jede Ablenkung des zwischen
ihnen kreisenden Stromes drohte dem einen oder
andern eine ihm allein gehörende, gesetzliche, oh!
wie gesetzliche Beute zu entreissen, und dies durfte
nicht sein, obwohl weder der eine noch der andere
an dem, was er festhielt, genug hatte".

Der kurzen Zeit der Vertraulichkeit mit Frieda
folgte gleich die einzige Stunde, die Mabel während
der anderthalb Jahre ihres Zusammenlebens al,
lein mit Lawrence verbrachte.

Er kam frühmorgens zu ihr, sie war gerade auf,
gestanden und nahm ihr Sonnenbad auf der Ter,
rasse des Hauses. Das Bett war noch nicht gemacht.
Als sie ihn kommen hörte, hüllte sie sich in ein
,,weisses, sich zart anfühlendes" Tuch, aus dem nur
die nackten Beine hervorsahen. Man versteht nicht
recht, wie sie nun von der Terrasse aus beobachten
konnte, dass Lawrence beim Durchqueren des
Schlafzimmers die Augen vom Bett wie von einem

MABEL

widerlichen Schauspiel abwandte — jedenfalls berichtet sie es so und fügt hinzu, er habe nur durchzugehn brauchen, um ein weissgekalktes luftiges Schlafzimmer in ein „Lupanar" zu verwandeln ...

Sollte man nicht annehmen, eine derartige Beobachtung sei geeignet gewesen, die gute Frieda zu entlasten, die angeblich alles vom Standpunkt des Geschlechtlichen ansah?

Dem war aber nicht so. Vielmehr liess sich Mabel von Lawrence, der gekommen war, um mit ihr zu arbeiten, trotz ihres Arbeitseifers («Mit ihm arbeiten! Mich ihm geben, ihm Tony geben und Taos, das alte, wirkliche Amerika, wie es im Blut der Indianer weiterlebt, ihm meine geheimen und unaussprechlichen Erfahrungen mitteilen!") die ganze Stunde lang, während der sie ungestört beisammen waren, ausschliesslich von Frieda erzählen. d. h. von seinem Verhältnis zu Frieda.

Solange es Menschen gibt, die auf Geständnisse erpicht sind, fangen sie damit an, selbst welche zu machen. Womöglich sollte es in Lorenzos Vorstellung auch nur eine Höflichkeitsvisite sein, ein Gegenbesuch für die vertraulichen Briefe, mit denen sie ihm aus der Ferne nahegetreten war, oder aber das ungemachte Bett hatte ihn tatsächlich angeregt und erschreckt. Sicher fühlte er sich nicht in seiner Haut. Er murmelte etwas von der „schweren, deutschen Hand", die auf ihm, dem Kranken, laste,

MABEL

„dieser *fleischlichen* Hand", die Mabel in ihrem weissen, sich zart anfühlenden Kaschmirtuch, Mabel, ganz Geist mit dem Ausblick oder vielleicht auch nur der Innenschau auf das ungemachte Bett, wenn man ihr glauben darf, schaudernd als die (freilich gepolsterte) Hand des Todes empfand.

Vom Besonderen zum Allgemeinen übergehend, beschrieb Lawrence den Unterschied zwischen den blonden, stumpfen, kriegerischen Germanen und den feinen, empfänglichen, geistig unendlich beweglichen Lateinern. Mabel war „sofort ganz mit ihm einig" und: „Seitdem bin ich eine Lateinerin geblieben und Frieda eine Barbarin". Niemals in ihrem Leben, versichert sie, habe sie sich mit einem Menschen so vertraut gefühlt, in einer „restlosen geistigen Verbindung, bei der jeder vom andern eine erleuchtete Anschauung genoss." Dann zog Mabel sich eilig an und begleitete Lorenzo, den sie erobert zu haben meinte, bis zu seinem Haus. Sie trafen Frieda, wie sie, in der Morgensonne dampfend, die selbstgewaschene Wäsche aufhing.

„Sie ist verrückt", murmelte Lorenzo, und Mabel fühlte sich als Weltdame neben der Waschfrau, die, Hals und Arme entblösst, die Hände in die Hüften gestemmt, das auffallend einträchtige Paar misstrauisch herankommen sah. Ihr Misstrauen stammte aus der Kenntnis der Eigenschaften, die Lorenzo im genialen Masse zum Beichtvater befähigten.

MABEL

Er verstand es, aus dem „Tiefsten" des Beichtkin,
des Beziehungen zu spinnen, die sich dann bald als
lästig sowohl für ihn selbst wie für das eheliche Zu,
sammenleben erwiesen. Ein guter Beichtiger ist
ein Jäger, und wenn die Jagdleidenschaft ihren
Lorenzo packte, vergass er alle Beschwerden. Sie
hingegen bekam von der Lustbarkeit in der Regel
nur die Ärgernisse zu spüren, die er in irgend einer
Form an ihr ausliess. War aber, bei Huitzilopochtli!
ein Wild denkbar, das sich lieber jagen liesse als
diese Zentaurin, halb Hirschkuh, halb Amerika,
nerin, die zu jagen glaubte, während sie gejagt wur,
de? Das konnte eine lange Jagd werden — und ver,
mutlich sprangen da „Funken über", von denen
der eine oder andre eine eheliche Explosion herbei,
führte. Denn als Mabel die beiden am Nachmittag
wiedersah, zeigten sie einen Audsruck erhabener
Müdigkeit, ein Schein von Verklärung lag auf ih,
ren Gesichtern „gleich einer blassen Sonne über
einem Schlachtfeld". Der „entkräftete" Lorenzo
nahm Mabel auf die Seite und sagte: „Frieda
wünscht, dass wir bei mir zu Hause arbeiten".

Wenn tatsächlich eine Schlacht stattgefunden
hatte, wie Mabel annimmt, so war es die letzte,
von deren Ausgang sie etwas für sich erhoffen konn,
te. In der Folge half es ihr nichts mehr, dass sie
auf eigene Faust zu arbeiten begann, nicht mehr
an der Befreiung Lorenzos oder der Indianer,

MABEL

sondern an der Reinhaltung ihres Hauses. Man sah sie fegen und putzen, sie trug eine Arbeitsschürze wie Frieda, schrubbte die Wäsche und hing sie auf, ohne dabei auch nur annähernd so majestätisch zu dampfen wie die Barbarin. Die gemeinsame Arbeit mit Lawrence, ob in dessen Haus oder sonstwo, blieb ein Traum. Ihr Befreiungswerk beschränkte sich darauf, ihre Freunde über die Schädlichkeit der süssen Bestie von Dichtersgattin auf dem Laufenden zu halten, und wenn Lawrence morgens schlecht aussah, wurde Frieda von der Gesellschaft mit vorwurfsvollen Blicken empfangen. Um sie dennoch fest zu halten, schenkte Mabel ihr die kleine Farm, auf der das Ehepaar wohnte.

Die Verfasserin des „Lebens mit Lawrence" gesteht die persönliche Niederlage ein, um ihren sachlichen Sieg glaubhafter zu machen. „Dieser schmächtige, Missglückteste aller Männer", ruft sie aus, — „hatte er tatsächlich Erdteile und Weltmeere durchquert, um niederzuschlagen, was er für den Erzfeind des Lebens in aller Welt hielt, den kecken Willen des Weibes, wie er erschreckend lebendig in Amerika blüht?" Man sieht: eine Niederlage, aber keine geringere als Waterloo. In Erinnerung an die Dienste, die ihr die Wissenschaft im Feldzug gegen Tonys Familie und einen gan-

MABEL

zen Indianerstamm geleistet hatte, stürzte Mabel zu ihrem Nervenarzt in Newyork. Her mit dem seelischen Feldscher zu zwanzig Dollar die Stunde! In der Not frisst der Teufel die teuersten Fliegen.

Sie sass noch nicht im Zug, als ihr die Freunde bereits die letzten Aeusserungen Lorenzos hinterbrachten: sie sei ein hoffnungsloser Fall, ein Schädling, der alles zerstören müsse, eine gefährliche Person — genau, was sie im vertrauten Kreis über Frieda zu orakeln pflegte.

,,Da kam es mir vor, als gebe es in der ganzen Schöpfung keinen festen Punkt mehr, weder draussen, noch in mir selbst. Ich erkannte ein für allemal, dass es in Wahrheit nichts gibt als das, was man sich selbst für den eigenen Gebrauch geschaffen hat . . . . Ich verzichtete auf Lawrence, ich wollte nicht mehr das geringste von ihm erwarten, und, während die Felder und Bäche vorüberflogen, die mich mehr und mehr von ihm trennten, schrieb ich ihm einen Brief. Ich sagte ihm, es sei eitel Verschwendung, an ihn zu glauben, an seine Freundschaft, seine Zuneigung und selbst an seine Wirklichkeit. Ich sagte ihm, er sei unfähig, freundschaftlich oder ehrlich zu handeln, er habe ein verräterisches Herz''.

Woher die plötzliche Erleuchtung? Weil Lorenzo sich nicht scheute, was er ihr oft und oft ins Gesicht gesagt hatte, auch vor andern zu äussern?

MABEL

Es war nicht das erstemal, dazu sass man viel zu dicht auf einander in Taos, und Mabel war stolz auf ihr Talent, Vertraulichkeit um sich zu verbreiten. Sie konnte nicht anders atmen als in der Gefahrzone eines allzu nahen seelischen Zusammenlebens, in einer Atmosphäre fleissig geförderter Ansteckung, darin die seelischen Mikroben herüber und hinüber wechselten. Nein, die Erleuchtung über Lawrence kam weder so plötzlich, noch so spät, aus dem einfachen Grund, weil die schlimme Erkenntnis, wie sie selbst berichtet, sie schon bald nach dem Seelenstündchen im Sonnenbad heimgesucht hatte. Es handelt sich hier lediglich um einen Übergang, den die Schriftstellerin möglichst wirkungsvoll zu gestalten wünschte.

Von allen Beichtkindern Lorenzos war Mabel das aufgeschlossenste und willigste. Sie verstand ihn besser, als sie selbst mit ihrem ungewöhnlichen, weiblich gerissenen Verstand ermessen konnte (sie legte das Mass immer falsch an), und sie war buchstäblich sein Geschöpf. Schriftstellerisch ehrgeizig und begabt, übernahm sie sämtliche Denk- und Ausdrucksformen von ihm. Es ist die reine Wahrheit, wenn sie sagt, sie habe keinen grösseren Wunsch gehabt, als sich ihm zu schenken, sich und Tony und das alte Amerika, wie es im Blut der Indianer weiterlebt. Sie hat es getan, bis auf den Grund,

MABEL

und nach Frauenart dem geistigen Geschenk ihre Liebe als Zuwage beigefügt.

Bei manchen Frauen reisst das Geschlecht das Gehirn mit, bei den andern das Gehirn das Geschlecht. Mabel gehörte zu der letzten Art. Die meisten aber pflegen sich restlos zu geben — wenn sie sich geben. Als Mabel mit Tony damals in den stillen dunkeln Nächten von Taos aufsass, ihr Tiefstes mit seinem Tiefsten zusammenballte, als „Befehl an Lawrence" meteorhaft in den Raum hinausschoss und sich mit seinem Tiefsten vereinigte, wo sie ihn traf, in Indien oder Australien, dann war sie es, mit allem, was ihr gehörte, die verschlungen wurde. Das befehlerische Gestirn, das in ihrer Vorstellung lebte, hiess nicht „Lawrence in Taos", es hiess „Mabel in Lorenzo".

Zu einer gemeinsamen Arbeit kam es äusserlich nicht, aber sie brachte ihm an persönlichen Erfahrungen, an völkerkundlichen und sittengeschichtlichen Dokumenten für seinen Roman, was sie nur auftreiben und heranschaffen konnte. Sie schenkte ihm den guten Tony, der schliesslich nur noch mit übergezogener Kapuze dasass und schwieg, vielleicht auch schlief, es war nicht ihre Schuld, wenn er nichts mit ihm anzufangen wusste. Und während sie Lawrence nur zu zeigen glaubte, was ihm durch den Verzicht auf ihre Mitarbeit entging, lieferte sie ihm genau das, was er brauchte:

MABEL

Material — und zwar in Auswahl und Gestalt von vornherein nach seinem Geschmack und abgestimmt auf seine Bedürfnisse. Zugleich blieb sie mit ihren eigenen Ansprüchen als Schriftstellerin wohl oder übel in genügender Entfernung, um ihn nicht zu behindern. Sie gab ihm, was ein gelehriger und begabter Schüler dem Meister geben kann und als Frau notgedrungen auch einiges mehr (was sich beharrlich als Störung ihrer Beziehungen erwies.) Er konnte den Reizzustand von gleichzeitiger Annahme und Ablehnung leichter ertragen als sie, und ausserdem lebte er wesentlich in seinem Roman: ,,Man kann so heftig in und mit den Gestalten leben, die man erschafft, in und mit den Ereignissen, die man erzählt — es ist ein Leben für sich, viel besser als das, was man gemeinhin Leben nennt!''

Dies gilt ganz besonders für sein Leben in Taos, dessen Alltag dank Mabels unbefriedigter Selbstzufriedenheit und der Betriebsamkeit der dorthin verschlagenen ,,halben'' und ,,ganzen Teufel'' an einen Dschungel voller Neugier und Bosheit erinnerte, der bald wie in stummer Wut dalag, während die Menschen mit verkrampften Mienen umhergingen, bald von hysterischen Ausbrüchen widerhallte, bis endlich der Abend mit scheinheiligen Versöhnungen auf ihn herabsank und die geplagten halben und ganzen Teufel ihre

MABEL

Tätigkeit in ihre Traumwelt verlegten. Mitten im Dschungel, von den Fäden der Spinnwebenhölle umwoben, stand uneinnehmbar eine Burg; die Arbeit, der Roman. Und Frieda.

Es war die schönste Zeit mit ihr, die schönste Zeit für sie beide. Von seiner Arbeit fast ebenso besessen wie er selbst, aber in urgesunder, fröhlicher, kreatürlich hilfreicher Weise, mit entblössten Armen und leuchtendem Hals in der Sonne dampfend, abends grosse Dame, strahlend von Harmlosigkeit, von Einfällen funkelnd, die die Diamanten ersetzten, die sie nicht besass, gutmütig, gesprächig, ein wenig erhitzt von Spiel und Tanz, unangreifbar für die scharfen Säuren, die um sie her verspritzt wurden, das war Frieda. Eine Pracht, sie leben zu sehn, und Lorenzo weidete sich an ihr und machte aus ihr und sich, wie sie am glücklichsten waren, die Kate Forrester und auch den Cipriano und auch den Ramon. Von Mabel entlieh er nur belanglose Züge, und Tony gar ist weder in Cipriano noch in einer andern Gestalt des Romans zu erkennen.

Den Winter 1923 auf 24 verbrachte Lawrence in Europa. Anfang April 24 war er wieder in Taos. Mehrmals riss er vor Mabel und ihrer Gesellschaft aus, indess Frieda ihre gleichmässige Laune zu bewahren wusste und sich mit niemand verzank-

MABEL

te. Er blieb längere Zeit im alten Mexiko, kehrte nach Taos zurück und fuhr, als der Roman so gut wie fertig war, im Herbst 1925 nach Europa. Und damit entschwand er Mabel für immer aus den Augen.

Sie blieben in Verbindung. Mehr denn je bewährte er sich dank der Entfernung als besorgter, bei gelegentlicher Strenge biegsamer ja, zärtlich beflissener Beichtvater, und sie, Mabel — wie hätte sie vom süssen Blute lassen können, von dem sie ein wenig, ach! so wenig genascht hatte! Mochte Frieda triumphieren (falls sie es tat, hütete sie sich, es ihrer Wohltäterin zu zeigen) und die Dinge auch sonst stehn, wie sie wollten: obwohl Mabel sich betrogen glaubte, fühlte sie sich gross. Auch Napoleon blieb nach Waterloo gross. Sie hoffte zumindest auf ihre „Hundert Tage"....

„Arbeiten Sie!" sagte der Nervenarzt in Newyork.

Geschirrwaschen und Staubputzen waren erträglich, wenn man glücklich liebte und jemand damit half oder erfreute, sonst nicht. Ausser der Liebe aber kannte sie nur eines, was sie befriedigen konnte: schreiben.

„Schreiben Sie!" sagte Lawrence.

Sie konnte nur schreiben, wenn sie sich an eine bestimmte Person richtete, sie ausdrücklich anredete, und sie wusste nur einen Menschen in al-

MABEL

ler Welt, zu dem sie offen sprechen durfte: Lawrence. Er allein vermochte ihr die Zunge zu lösen. Lorenzo erklärte sich einverstanden. Mabel setzte sich hin und schrieb ihre Memoiren.

Sie gehn seit Jahren in Schreibmaschinendurchschlägen von Hand zu Hand und bilden durch ihre rücksichtslose „Offenheit" das Entzücken eines gewählten Leserkreises. Ja, wie läuft Mabels Zunge, wenn sie erst gelöst ist! Sie macht vor keiner Türe Halt, sie schlüpft durch jedes Schlüsselloch und findet im Dunkeln, was sie sucht. Doch, sieh da, der einzige veröffentlichte Teil, ihr „Leben mit Lawrence" ist nicht an den Mann gerichtet, der ihr als einziger auf der Welt die Zunge lösen konnte, sondern an einen amerikanischen Schriftsteller namens Robinson Jeffers. Sie versichert Robinson Jeffers wiederholt, er sei der einzige Mensch in aller Welt, zu dem sie offen sprechen dürfe, er allein vermöge ihr die Zunge zu lösen.

Lawrence war inzwischen gestorben, und die Toten haben keine genügende Anziehungskraft auf Frauen wie Mabel.

Wenn man die Photographie Mabel Dodges betrachtet, kann sie einem leidtun. Sie hat ein starkes Kinn mit seitlichen Speckbacken, was von grossem Appetit zeugt, ein spitzes, fürwitziges Näschen und einen jener Münder, die mit einem

MABEL

Säbelhieb hergestellt scheinen, breit und gerade, die schmalen, scharfen Lippen sind ein wenig geöffnet. Unter hochgewölbten Augenbrauen blicken müde, angstvolle Augen. Das kurzgeschnittene dunkle Haar sitzt wie ein Helm auf dem Kopf und verbirgt die Stirn.

Eine strapazierte Amazone. Die Freude und der Schrecken der Ärzte zu 20 Dollar die Stunde.

Und dennoch sind diese schillernden, sorgfältig erwogenen und von jähen, wie unwillkürlichen Geständnissen aufleuchtenden Seiten in gewissem Sinne an Lawrence gerichtet. Vor seinem Ruhm, vor der Nachwelt fordert sie den Dichter der ,,Gefiederten Schlange" für sich an. Sie besetzt alle Zimmer seines Hauses, mit Ausnahme des Schlafzimmers, das zur Strafe der gesetzlichen Frau überlassen bleibt (woran ist Lorenzo denn gestorben, wenn nicht an Entkräftung!) und zieht auf dem Dach die Fahne des Eroberers auf.

Das Buch klingt lawrencisch vom Anfang bis zum Ende. Selbst der Klatsch bedient sich lawrencischer Formeln und Bilder. Es ist gespickt mit Briefen von D. H. Lawrence und Frieda. Gewiss besteht zwischen dem Stil der Briefe und Mabels Bericht ein grosser Wertunterschied, und von den einem zum andern übergehend spürt man deutlich den Luftwechsel. Aber wir spüren nicht

MABEL

minder stark, dass wir uns in einem Haus befinden, das Lawrence lange bewohnte, das von seiner Gegenwart erfüllt ist. Man fragt sich: spricht Mabel einfach aus, was sie empfindet, sie kann nichts dafür, dass sie wie ein kleiner, weiblicher Lawrence denkt, schreibt, sogar singt, oder manövriert sie auf ein bestimmtes Ziel los? Kein Wort findet sich darin über die ,,Gefiederte Schlange'', und wenn sie auf das Ziel lossteuert, sich als innerste Seele und Triebkraft des Werkes erraten zu lassen, so verrät sie sich mit keinem Blick. Will sie tatsächlich dem Leser in aller Heimlichkeit beibringen, die ,,Gefiederte Schlange'', das sei sie und ihr Leben mit Lawrence in Taos, sie und das Werk — in der Entzückung einer einzigen vertrauten Stunde empfangen, in den schrecklichen Wehen ihres Zusammenwohnens geboren? Kate Forrester, das sei sie, Cipriano das ,,Tiefste'' ihres Tony und das Werk im Ganzen die Ausführung des Befehles: ,,Lawrence in Taos''? Sodass sie dennoch gesiegt hätte über den schmächtigen, missglücktesten aller Männer, der Erdteile und Weltmeere durchquerte, um Mabel Dodge-Luhan und ihren amerikanischen Eigensinn niederzuschlagen?

Wie sollte es sie dann wohl schmerzen, für das Schlafzimmer der kleinen, Frieda geschenkten Farm die ,,Unrichtige'' gewesen zu sein, wenn sie

MABEL

auf dem lorbeergeschmückten Lotterbett des Ruh,
mes die „Richtige" war? Verwechselt und verdreht
sie, in dämonischen Vorstellungen befangen, aus
einem Energieüberschuss heraus, aber in aller Un,
schuld Succubus und Incubus? Vor Jahren, man er,
innert sich, schrieb ihr Lawrence recht drastisch,
in seinen Augen sei ein Nervenkranker ein halber
Teufel, ein geheilter aber ein ganzer. Der geheilte
nämlich eigne sich bis zur Vollendung eine be,
wusste und selbsttätige Kontrolle an, und er fand
das ekelheft. (Er hatte keinen Humor). Die Kon,
trolle, die er meint, spielt „bis zur Vollendung"
in Mabels Buch. Obgleich man die Absichtlich,
keit ebenso oft mit Händen zu greifen glaubt,
als sie sich dem Zugriff entzieht, versagt die
Frau völlig in dem einen Punkt: wozu hat sie
das Buch geschrieben? Und dies gerade ist die
Antwort.

Als Frieda etwa ein Jahr nach dem Tode ihres
Mannes von Mabel das Manuskript des Buches
zugeschickt erhielt, konnte sie nur mit einem
kleinen Schrei der Verwunderung äussern, Loren,
zo sei längst nicht mehr der gewesen, den das Buch
schildere, Taos habe ihn verändert. Worauf die
Verfasserin die unwürdige Gattin des Dichters
belehrte, ihr sei es nicht um die Veränderung Lo,
renzos zu tun gewesen, sondern um die Ereignisse
jener „peinlichen Tage", die *alle* Beteiligten ver,

MABEL

ändert hätten. (Für „alle" lies: mich, die Hauptperson Mabel). Nicht die Ergebnisse seien wichtig im Leben, „Sein und Werden allein" verdienten die Aufmerksamkeit des Eingeweihten.

LETZTER ABEND

Das alte Städtchen Vence, von Blumen-, Orangen- und Olivenfeldern umgeben, liegt auf einer Hochebene. Zwischen den Bäumen schimmert das Meer herauf, hinter dem Städtchen ragen die Felsen eines kahlen Gebirges und schützen es vor dem Nordwind. Es ist beinah ein Vorort von Nizza.

Der Frühling ist nah, in den unzähligen hängenden Gärten beginnt es zu blühen. Das Jahr 1930 hat gerade begonnen.

Lawrence ist von Bandol, wo er die kleine Villa Beau-Soleil bewohnte, in das Sanatorium „Ad Astra" übergesiedelt. (Seltsamer Name für ein Haus, in das Schwerkranke von der ganzen Küste eingeliefert werden....) Noch einmal bestätigt sich, dass das Werk eines Künstlers sein Leben erklärt, viel mehr als seine Lebensgeschichte das Werk.

Während Lawrence fest an seine baldige Gesundung glaubt, führt sein Werk geradewegs zum Tod. Der Dichter erteilt dem Patienten D. H. Lawrence die letzte Ölung, er spricht für ihn die Totengebete. Der Patient wird es nicht gewahr. Der Patient ist voller Unruhe wie immer, der Dichter ist eins und mit sich einig wie nie. Die vielen Ge-

LETZTER ABEND

stalten seiner Dichtungen sind in eine einzige eingegangen, den „Mann, der gestorben war" [1]).

Wie ist es möglich, dass der Patient von „Ad Astra" den körperlichen Verfall nicht bemerkt? Er beklagt sich über die schlechten Nächte, den Husten, das Herz, die zunehmenden Schmerzen.. Es genügt nicht, um ihn zu warnen. Er ist die Krankheit gewohnt. Er ist das Leiden gewohnt. Mehr noch, das Bewusstsein, tot zu sein, auferstanden zu sein, hat ihn seit dem Krieg nicht verlassen. Vierzehn Jahre sind es her, dass er (im September 1916) an Katherine Mansfield schrieb: „Ich sitze wie Lazarus in meinem Grab und bin sehr krank.... Aber wenn man tot ist und gleichsam auferstanden, *bleibt man unverwundbar*".

Aber träumt er nicht mehr? Oder haben die Träume aufgehört, seine Gedanken zu bestimmen, wie

---

[1]) Zeitlich folgt noch der Essai „Apokalypse", eine ausserordentlich kühne Betrachtung über die Offenbarung Johannis, die für Lawrence etwas wie der Zapfenstreich aufständischer Sklaven war, und ihr Verfasser, Johannes von Patmos, dementsprechend ein Nietzsche für den Pöbel, ein Umwerter aller Werte von unten, ein Macchiavell für arme Teufel, die an die Macht wollen.

Ein Buch über die Etrusker, das ihn lange beschäftigte, blieb unvollendet. In der Lebensführung der Etrusker zwischen 700 und 300 v. Chr., von denen man freilich fast nichts weiss, glaubte er die Verwirklichung seiner Lebensauffassung entdeckt zu haben.

LETZTER ABEND

es früher der Fall war? .... Die Träume sprechen wohl noch ihr Urteil, aber die Gedanken haben die Vollzugsgewalt eingebüsst, vielmehr, sie weigern sich, ihr Vorrecht auszuüben. Sie fliehn in das Buch, wo die Träume selbstherrlich walten, und vernichten sich darin.

Man muss ja gestorben sein, um einen Mann zu schildern, der aufersteht! Zu schildern? Um leibhaftig der Auferstandene zu sein! Lawrence hat nie geschildert, was er nicht bis zu einem bedeutenden Grade selbst gewesen wäre. „Tod und Auferstehung" ist das Thema aller seiner Bücher seit dem Krieg. Ist es nicht gut, immer wieder zu sterben, wenn man immer wieder auferstehn will!

Damals in Australien scheute er sich, die Gedanken allzusehr auf den „dunkeln Gott" zu richten, aus Furcht, es möchte ein zu schlimmes Abenteuer beginnen. Kann das grosse Spiel ewig so weitergehn? Sein Selbstbewusstsein (vergeistigter Trotz und Kampfwille) erklärt ihn für unsterblich. Gleichzeitig fühlt er den Atem des Todes näher denn je, wir können kaum daran zweifeln — auf der blossen Haut fühlt er ihn, im Gesicht, auf der Brust, im Eingeweide. Je geringer die Entfernung zwischen ihm und dem „andern" wird, umso mehr weigert er sich, die Gedanken „allzusehr" darauf zu richten, umso brünstiger wendet er sie dem noch unheimlicheren, aber erheben-

LETZTER ABEND

den Abenteuer zu: der Auferstehung. Und wie sollte er nicht auferstehn, wenn er es so leidenschaftlich wünscht, wenn er vom Willen, von der Not, von der Wollust strotzt aufzuerstehn! ,,Ich empfinde wie die Sizilianer, die ihre Toten zu Hilfe rufen" hat er vor sieben Jahren, nach dem Tod Katherine Mansfields an deren Gatten geschrieben. ,,Wir sollen sie zu Hilfe rufen, und wir tun es auch . . . . Die Toten sterben nicht. Sie schauen zu und helfen". Verhält es sich so, dass er sich zuschaut, sich hilft?

Sterbend buhlt der grosse Verführer um das Leben, wie er nie um etwas gebuhlt hat. Er wird sich selbst sehn, wie er aufersteht, *sehn*, wie er leibhaftig im Licht wandelt. Was er bisher nur behauptete, er beweist es, indem er es gestaltet. Der ,,Mann, der gestorben war" ist *wirklich* gestorben — nicht nur ahnungsweise oder im körperlich erfühlten Gleichnis, er lag wirklich im Grab, und siehe, er ist auferstanden wahr und wahrhaftig — du kannst den Finger in seine Wunden legen . . . . Alle romanhafte Verkleidung fällt weg, ,,Tod und Auferstehung" wird zum alleinigen, unverstellten Thema. ,,Irgendwie glaubte Lawrence an Magie". Was wir miterleben, ist der Todeskampf eines Magiers. Dafür gibt es nur eine Kunstform: die Legende.

Als er das ,,Geheimnis" entdeckte, dass man sein

LETZTER ABEND

eigener Richter bleiben müsse und nicht einen einzigen Menschen, nicht fünfzig Millionen Menschen fürchten dürfe, hatte er hinzugefügt: ,,aber ein wachsames Auge haben auf die innerste Seele der Millionen andern Seelen".... Sie sind fort, er hat sie aus den Augen verloren, die innerste Seele der Millionen andern Seelen! ,,Jedem sein ewig eigener Weg...." Er spürt nur noch eine ,,Anziehung": die Unendlichkeit für ihn allein.

,,Man muss ungeheuer gläubig sein, um Künstler zu sein". Wenn man es aber ist, so beginnt man damit, die ,,Kunst für sich allein" zu fordern und endet in der Einsamkeit der persönlichen Unendlichkeit. Man beginnt als Keimzelle und kehrt am Ende dorthin zurück, wo man in grausiger Einsamkeit entstand. Wie lächerlich, sich mit einer ,,Kolonie" umgeben zu wollen! Hat er die Lieblingsidee endlich aufgegeben?

Jedenfalls macht er weiter Pläne. Er hört nicht auf, nach seinen Menschen zu rufen. ,,Es wäre schön", schreibt er an Maria Huxley, ,,wenn Sie Ende des Monats herkämen, ich könnte dann wieder ein wenig gehn...." Er möchte zu einem erregenden Abenteuer aufbrechen, gesteht er ihr, vielleicht dauert es nicht lange, und er schifft sich wieder nach Mexiko ein. Inzwischen blühn in Vence die Mimosen. ,,Sie bilden ganze Wolken

LETZTER ABEND

wie in Australien, und die blühenden Mandel,
bäume sind sehr schön . . . . Heute hatten wir ei,
nen herrlichen Tag. Ich habe mich in den Garten
gesetzt. Vielleicht könnten wir ein paar lustige
Tage verbringen, wenn Sie kämen." Nein, die
Kolonie ist nicht aufgegeben. Er vertraut Mabel
an, dass er mit Frieda Pläne schmiede: Rückkehr
zur Farm, neben einander wohnen, vielleicht eine
Art Akademie bilden wie im alten Griechenland, wo
die Philosophen sich im Garten unterhielten, viel,
mehr unter Pinien. „Vielleicht brächte ich eine An,
zahl junger Leute mit, um drüben in Einigkeit
ein neues, auf einer neuen Auffassung unseres Da,
seins beruhendes Leben zu beginnen. Sie erinnern
sich, davon haben wir immer gesprochen".

Teils sieht er mit finsterer Genugtuung zu, wie
das Sexualgeschwätz seinen Namen umspinnt (und
denkt womöglich gleich Nietzsche, dass „das
Schauspiel der Leidenschaftlichkeit diese zuletzt
erreichen wird und unsre Nachkommen eine echte
Wildheit haben werden und nicht nur eine Wild,
heit und Ungebärdigkeit der Formen"), teils är,
gert er sich über das Missverständnis des Ruhms,
dessen Opfer er, hauptsächlich durch den Roman
„Lady Chatterleys Liebhaber", geworden ist —
diese seltsame Fabel, wo wir, kurz gesagt, den alten
Pan dabei betreffen, wie er, als Förster verkleidet,
im schwerflüssigen Dialekt von Nottingham einer

LETZTER ABEND

Lady den elementaren sowohl wie höheren Unterricht in der Liebe erteilt.

Weit davon entfernt, ein pornographisches Buch zu sein, ist „Lady Chatterley" der Beleg für den geradezu tierischen Ernst, mit dem Lawrence seine Lehre auffasste. Hier ist keine Verwechslung möglich, auch wenn man nicht wüsste, wie er etwa über den „stinkenden Casanova" dachte [1]. Auf kein andres Buch hat er soviel Mühe und Gewissenhaftigkeit verwandt. Es gibt drei verschiedene Fassungen des Romans, und er liess ihm sogar eine „Verteidigung der Lady Chatterley" folgen, ein glänzendes Plädoyer in einer Sache, in der es für ihn keinen Zweifel gab. „Sie klagen mich der Barbarei an. Sie behaupten, ich wollte England auf

---

[1] An Franz Schoenberner, den damaligen Redakteur der Münchener „Jugend", der ihm einige Hefte seiner (keineswegs etwa schlüpfrigen) Zeitschrift geschickt hatte, schrieb er im Herbst 1927:

„Vielen Dank für die Hefte der ‚Jugend', die gestern richtig angekommen sind. Ich habe sie den ganzen Abend durchgesehn, aber die Erzählungen habe ich noch nicht gelesen, nur die Witze! Manche sind wirklich sehr gut — und das Ganze ist lebendig — aber der seltsame sexuelle Zynismus ist ein wenig beunruhigend, gerade weil er genau so ist, wie die Welt ist. Aber wie soll das enden, wenn nichts da ist, um ein Gegengewicht zu bilden? Ich will Ihnen sagen, wenn ich zehn Jugend-Nummern durchgesehn habe, bekomme ich es mit der Angst."

LETZTER ABEND

die Kulturstufe der Wilden herabdrücken. Aber gerade diese grobe Widernatürlichkeit auf geschlechtlichem Gebiet finde ich wild und barbarisch. Ein Mann, für den die Wäsche einer Frau das Erregendste ist, was er an ihr kennt, ist ein Wilder. So empfinden die Wilden. Man kennt die Geschichte jener Wilden, die drei Mäntel übereinander anzog, um ihren Mann zu reizen — und der es gelang. Diese beleidigend gemeine Auffassung, die in der Geschlechtlichkeit nichts als einen körperlichen Vorgang sieht oder eine gewisse Art, sich mit Kleidungsstücken zu vergnügen, verrät meiner Ansicht nach einen verruchten Grad von Wildheit und Barbarei. Und in der Tat ist unsre weisse Zivilisation in allem, was sich um das Geschlecht dreht, gemein, wild und barbarisch, zumal in England und Amerika".

Dem gegenüber vertritt Lawrence die Meinung, dass im Sakrament der Ehe durch die Vereinigung der beiden Blutströme von Mann und Weib die Schöpfung erst vollendet werde. „Der Mann stirbt, die Frau stirbt, und vielleicht kehren sie getrennt zum Schöpfer zurück — wer kann es wissen? Sicher aber ist, dass durch ihre Vereinigung auf Erden das Strahlen der Sonne und das Schimmern der Gestirne ihre Vollendung erfahren".... Im Geheimen schmeichelte er sich vielleicht mit der Hoffnung, die katholische Kirche werde eines

LETZTER ABEND

nahen oder fernen Tages den Phalluskult über-
nehmen. Ernst genug war es ihm damit, buchstäblich „heiligster Ernst". Er scheut sich nicht, den
Phalluskult in Beziehung zum Sakrament der Ehe
zu bringen, und in der „Verteidigung" spricht er
mit Demut und Hochachtung vom Heiligen Vater.

Der Puritaner befindet sich im Aufstand gegen
Rom. Gegen diesen selbstzufriedenen Rebellen
rebelliert der selbstzufriedene Lawrence. „Man
wird nur von seinesgleichen verraten", sagt das
Sprichwort. Der Katholik aber, seinem Wesen
nach ein Sinnenmensch und Erbe des heidnischen
Roms, wird den Eifer des Gegenrebellen leicht als
Donquichotterie empfinden. In einigen übrigens
seltenen Fällen (etwa bei gewissen Seiten der „Lady
Chatterley" denen das Buch seinen fragwürdigen
Erfolg verdankt), wird er womöglich den Eifer
mit dem Wort benennen, das Lawrence auf die
„bewusste und selbsttätige Kontrolle der geheilten
Nervenkranken" anwendet: ekelhaft. Zumindest
wird er die lehrhafte Besessenheit, wenn sie im
Anschauungsunterricht allzu weit geht, als einen
Verstoss gegen den guten Geschmack empfinden
und das Ganze als das Kennzeichen eines Auf-
standes gegen eine spezifisch nordische Kirche,
die von Rom nur den Gedanken annahm, nicht
aber das glänzende, zu den Sinnen sprechende Erbe
der Mittelmeervölker.

LETZTER ABEND

Der Puritaner begreift das Wort der Lehre wörtlich, statt, wie der Katholik, als Erlebnis, das von den Säften seiner eigenen Wirklichkeit geschwellt ist und jeder Begrifflichkeit spottet wie das Leben selbst. So muss er entweder zum Verräter am Leben werden (was dieses auf die Dauer nicht zulässt) oder aber zu einem Heuchler, der sich gegen die tägliche Entlarvung mit einem fast schon grandiosen Hochmut wappnet. Dem Katholiken hingegen ist es nicht nur möglich, seine Aufrichtigkeit zu bewahren, sein Glaube zwingt ihn dazu. Die Kirche verlangt von ihm vertraulichste Gewissenserforschung und Sündenbekenntnis, und da sie die Schwäche und die Ausflüchte des menschlichen Herzens kennt, hält sie für ihn einen Untersuchungsrichter bereit — den ebenfalls sündigen, aber durch seine Weihe zum Vermittler zwischen Mensch und Gott, zwischen den Bedürfnissen, den Gefahren des Lebens und dem Absoluten der sittlichen Forderung erhobenen Priester, dem er beichtet. Der Beichtstuhl ist somit, um die Sprache des Puritaners zu gebrauchen, die Clearing-Stelle zwischen dem Relativen und dem Absoluten. Indem er das Relative in aller Offenheit berücksichtigt, erhält er die Geltung des Absoluten. Dies auch der Grund, warum die Psychoanalyse unter Katholiken kaum Fuss zu fassen vermochte, während in den protestantischen Ländern

LETZTER ABEND

ihre Verkünder Gestalt und Bedeutung eines Moses annahmen, der im Scheine grosser, bis in die geheimsten Abgründe leuchtender Blitze die neuen Gesetzestafeln aufstellt. Für den katholischen Moraltheologen (den die Puritaner ebenfalls der ,,Schmutzerei" bezichtigen) war die Lehre weder neu noch sonstwie verblüffend. Er übte sie, selbst in ausgesprochen klinischen Fällen, seit tausend Jahren, und es kann kein Zweifel bestehn, dass in Beichtstühlen unendlich mehr Menschen auf ,,psychoanalytischem" Weg geheilt wurden als in allen Sanatorien der Welt — womit die manchmal das Geniale streifenden Erkenntnisse Freuds und seiner bedeutendsten Schüler und Fortsetzer nicht etwa geleugnet, sondern nur auf das richtige Mass zurückgeführt werden sollen. Wäre Lawrence im Süden oder in der katholischen Diaspora geboren, er hätte sich nicht mit Messer und Feuer einen Weg durch den Urwald zu bahnen brauchen, um Pan wiederzufinden. Der Alte hätte ihn schon in der Kindheit aus allen Ecken und Enden seiner Landschaft angelächelt.

Es ist merkwürdig, aber völlig richtig zu sagen, dass Lawrences phallische Bemühungen den künstlerisch bestrickenden, sonst aber etwas aufdringlichen, etwas langwierigen, etwas komischen Versuch darstellen, die nur unvollständig bekehrten Skythen unter die Herrschaft Roms zu bringen.

LETZTER ABEND

Man hat die „Verteidigung der Lady Chatterley", in der, nebenbei, ein paar wohlgezielte Maulschellen für G. B. Shaw abfallen, mit Unrecht das Testament des Dichters genannt. Sein Testament und gleichzeitig die Blüte und schmalste Höhe, der Kraftauszug seines Werkes ist das kleine Buch vom „Mann, der gestorben war". Darin lässt er, wiederum sehr kurz gesagt, den auferstandenen Heiland die Abwegigkeit seiner Lehre, die Nutzlosigkeit seiner Passion erkennen und führt ihn zu Isis und Osiris (deren Bildnisse ja ebenfalls in den römischen Tempeln standen). Ein wunderbares Bild nach dem andern steigt auf, Lawrence zeigt sich im Vollbesitz seiner künstlerischen Mittel. Der Mann, der gestorben war, sieht das nackte Leben. Wie ähnlich ist ihm der Dichter durch seine eigene Entblössung geworden! Es ist Lawrence, der gestorben war, und der jetzt, da er auferstanden und erneuert ist und nackt wie das junge Leben, das Auge auf die wiedergefundene Welt richtet — von der Terrasse eines Lungensanatoriums, wo man über Oliven und Feigen hinweg auf das blaue Mittelmeer blickt.

Als er noch auf der Wanderschaft war, ist er einem armseligen Hahn begegnet, eine Bäuerin hatte ihn mit einer Schnur festgebunden, damit er nicht weglief. Aus der dünnen, heiseren Stimme schrie, mehr noch als Trauer über die Gefangen-

LETZTER ABEND

schaft, der Zwang zu leben, ja, der Zwang, den
Triumpf des Lebens auszuposaunen.... Jetzt
ist er nicht länger empfindlich für das bebende Ver*
langen aller Kreatur, da zu sein und sich zu rüh*
ren. Aus dem Schrei des Hahnes hört er die
schrille Herausforderung, womit jedes Ding alle
andern bedroht.... Die Grausamkeit des Geset*
zes, gegen die er sein Leben lang aufbegehrte, er
nimmt sie freiwillig an — wie er vor vielen Jahren
in seiner Schule den Zorn annahm, wenn der mit
funkelnden Augen über ihn kam. Damals ge*
schah es aus Eigennutz, heute geschieht es aus letz*
ter Selbstlosigkeit. Der Kreis ist geschlossen, die
Leidenschaft entgiftet. Der Mann lag unbeweg*
lich.... „Er sah den grenzenlosen Willen, der
wie geschleudert überall vordrang gleich einer
massigen Welle, die in ein feines Gewebe verläuft.
Schaumblättchen, die sich von der unsichtbaren
blauen Masse abhoben: ein orangefarbener oder
schwarzer Hahn oder die grünen Flämmchen am
Ende der Zweige eines Feigenbaums. Sie rückten
heran, diese Dinge, diese Geschöpfe des Frühlings,
glänzend vor Gier und Bejahung. Sie kamen wie
die aus der blauen Flut des unsichtbaren Begeh*
rens emporgeworfenen Schaumfransen, emporge*
schleudert aus dem weiten, verborgenen Ozean
der Kraft, sie kamen an, greifbar und farbig, ver*
gänglich gewiss, aber unsterblich in ihrem Auf*

LETZTER ABEND

prall". Ist es nicht dies, was Nietzsche (wo er von seiner besonderen Auffassung des Epikur spricht) „das Glück des Nachmittags des Altertums", die „Bescheidenheit der Wollust" nennt?

Die Worte, erkennt der Mann, der gestorben war, sind Mücken, sie quälen den Menschen und verfolgen ihn bis ans Grab. Aber über das Grab hinaus können sie nicht. Der Mann, der gestorben war, hat den Punkt überschritten, wo Worte stechen können, die Luft ist klar, es gibt nichts mehr zu sagen, er ist allein in seiner Haut, der Mauer, die sein ganzes Reich umschliesst. Von neuem wird er die Wärme des Lebens erfahren und seine Fülle. Er wird warm sein wie der Morgen. Er wird ein Mensch sein. Dazu ist es nicht nötig, sich selbst zu verstehn. Nötig ist nur, sich zu erneuern. (Wie oft muss man es wiederholen!) Es ist die schönste Priesterin der Isis, die ihn beglückt. Ueberfliessend von Lebenswärme drückt sie ihn an sich, wie ein Strom mit seinen Windungen eine Landschaft umschliesst, und in ihm verstummt jede Klage, und ein Friede ohnegleichen erfüllt seine Seele, eine wunderbare Dunkelheit, eine völlige Befriedigung, ein dunkler Ueberfluss — und dann, langsam, langsam in der Dunkelheit seines geheimsten Lebens, fühlt er, wie etwas sich rührt, etwas rührt sich, das auf dem Weg zu ihm ist, eine Morgenröte, eine neue Sonne: „Oh" sagt er, „dies geht

LETZTER ABEND

noch weit über das Gebet hinaus"... Und wieder verliert sich der Schluss der Dichtung in lauter Verlegenheit. Der brennendste Wunschtraum des Dichters ist erfüllt, weit noch über die „Gefiederte Schlange" hinaus, vom Mann, der gestorben war, hat die Priesterin der Isis, hat Isis selbst ein Kind empfangen — was nun? Er flieht, der Auferstandene! Er flieht, der Gott, vor den Römern, denen er sich nicht ein zweites Mal ausliefern will... Welch ein Geständnis ist diese allerletzte Flucht!

Trotz einiger Ungleichheiten oder Ungeschicklichkeiten, wie die Lehre des Dichters von der Unbekümmertheit des künstlerischen Schaffens sie übrigens ausdrücklich erlaubt (bei jedem andern wäre es die verschämte Entschuldigung eines Mangels, nur nicht bei Lawrence, der sein Handwerk vollkommen beherrschte und so gut wie alles konnte, was er ernstlich wollte), trotz dieser oder jener Abirrung singt hier und schluchzt und jubelt die schönste lyrische Prosa, die geschrieben wurde.... Ist es aber nicht schon der Gesang des Fiebers? Weilt der Dichter noch auf dieser Welt? Kann er die Frau neben seinem Lager erkennen, die Genossin auf allen Wanderfahrten, die Frau aller seiner Bücher, die an diesem Abend aller Tage das sternbesäte Hemd der Isis trägt? Ein letztes Wort: *„Morgen ist wieder ein Tag"* ....

LETZTER ABEND

Noch haben die Fragen kein Ende.

Versteht nun der Kranke, dass er den morgigen Tag nicht mehr sehn wird? Man höre die Beschwörung — sie klingt wie ein Angstschrei. ,,Sollte ich eines Tages wieder in Taos sein können, müssen wir ein neues, von echter Zärtlichkeit gesegnetes Leben führen. Jede Art von Streit ist schlecht. Aber helfen Sie mir, oh, helfen Sie mir, dass ich eines Tages zu Ihnen zurückkehre!" (21. Januar 1930) Und dies an Mabel Dodge — mit herzlichsten Grüssen von sich und Frieda!.... Hat ihn der Befehl ,,Lawrence in Taos", wie Mabel ihn meinte, zuletzt doch noch erreicht?

Nein, Mabel ist wiederum betrogen. Er sehnt sich weniger nach ihr, mit der er sich nur auf grosse Entfernung verträgt, als nach dem Ort, der für ihn der europafernste und schönste der Welt ist, wo er und Frieda am glücklichsten waren, wo ihnen, und dies ist sehr wichtig, ein Stück Erde mit einem Haus darauf gehört — zum ersten und letzten Mal im Leben der unsteten Wanderer ein eigenes Stück Boden mit einem kleinen Haus darauf.

Was wäre geschehn, wenn er gelebt und Taos erreicht hätte?

Nichts als die Wiederholung der ersten Erfahrung.

LETZTER ABEND

Sein Nottinghamer Dickschädel besteht darauf, den Reisen eine programmatische Bedeutung zu geben, obwohl (schon vor der Tiroler Reise in „Liebende Frauen") die ideologische Absicht des Reisenden unweigerlich fehlgeht. Gerade weil dies der schwache Punkt seines Werkes ist, will er nicht davon ablassen, koste es, was es wolle. Und stets führt der Dichter den Ideologen gegen seinen Willen ad absurdum — ein schönerer Beweis von Lawrences Wahrhaftigkeit ist nicht denkbar! Denn was gäbe er darum, wenn es ihm gelänge, auch nur ein einziges Mal glaubhaft zu machen, dass der Zivilisationsflüchtige „irgendwo anders" glücklich wird! Oder dass es irgendwann einmal Menschen gab, die seiner Anschauung gemäss lebten und damit Grosses vollbrachten — und wären es, in Ermangelung bekanterer Völker, auch nur die rätselhaften Etrusker! Er versucht es wieder und wieder mit gleichbleibendem Misserfolg. Und da jeder seiner Romane neben dem menschlichen Abenteuer ein ideologisches enthält, und zwar immer das gleiche, klappert die ganze Front seines Werkes entlang ein „Hornberger Schiessen". Eine solche Hartnäckigkeit ist nur erklärlich durch seinen Grundfehler, den Mangel an Humor. Er hatte Witz, aber keinen Humor, auch darin seiner Mutter ähnlich, die sich als halbe Lady furchtbar wichtig nahm und ihre proletarische Umgebung

LETZTER ABEND

unter die Waffen ihres Witzes zu setzen verstand, aber unbelehrbar und kreuzunglücklich war. Die Komik seines „Hornberger Schiessens" ist ihm keinen Augenblick bewusst geworden. „Vielleicht eine Art Akademie wie im alten Griechenland ... Vielleicht brächte ich eine Anzahl junger Leute mit ... In Einigkeit ein neues Leben beginnen ... Sie erinnern sich, davon haben wir immer gesprochen ..."

Davon sprechen sie immer, die nicht wissen, dass, wenn überhaupt, nur eine Flucht hilft: die Einkehr in sich selbst. (Goethe auf der einen Seite, die Mystiker auf der andern reisten weiter als Amerika und kamen ans Ziel.) Lawrence wusste es und sprach es aus, so oft er den Misserfolg seiner Ideologie feststellen musste. Er sprach es aus, eindringlich, feierlich, in einer Art, die keinen Widerspruch zuliess, und dann ging er hin und legte sich den nächsten Fallstrick. Alles an ihm war Leidenschaft, ob er das Haus fegte, eine Frau umarmte, schrieb, oder ob er sich anschickte, von neuem in die selbstgestellte Falle zu gehn. Sogar, wo er langweilt, spürt man die Spannung unter der Oberfläche — der Nottinghamer Homer schläft mit Passion (der Leser nicht.)

Warum ist in vielen Dichtern der Erlöserwahn so mächtig? Weil in den Dichtern ein seltsames Machtbedürfnis lebt. Fast alle sehn sich heimlich

LETZTER ABEND

mit Zepter und Krone. „Die Irrenhäuser der Welt sind voll von Welterlösern" sagt der Psychiater Binet‹Sanglé — aber nicht nur die messianischen Dichter laufen frei herum. Alle Dichter, die an Erlöserwahn leiden, hassen Goethe. Lawrence hasste Goethe.

Bestand er so hartnäckig auf seiner Kolonie, weil die Kolonie schliesslich der einfachste Weg war, sich in den Besitz von Untertanen zu setzen? ...

Es wäre ein langes Kapitel über die Zivilisations‹ flüchtigen zu schreiben ... Das letzte Bild, das Gauguin vor seinem Tod in Tahiti malte, war eine bretonische Winterlandschaft ...

Poveretto Lorenzo!

Achtundvierzig Stunden vor seinem Tod er‹ greift ihn die grosse Unruhe der Kreatur, die sich erlöschen fühlt. Er steht auf und taumelt bis zu einem Haus, wo Freunde wohnen, und hier stirbt er am 2. März 1930 — im lichten Frühling der Mittel‹ meerküste.

Die Frau begräbt ihn im Friedhof des Städt‹ chens, ganz hinten an der Mauer. Man muss lange suchen, bis man das Grab findet.

Es ist klein und schmal, wie Lawrence im Tode gewesen sein mag: das Mass des Menschen, wenn er heimkehrt — ein längliches, eingefasstes Stück Erde: das Bildzeichen für menschliche Asche.

LETZTER ABEND

Das Grab trägt weder Namen noch Schmuck. Eine kleine Steinplatte, an die Friedhofmauer gelehnt, zeigt einen Phönix aus mattfarbenen Kieseln. Mit einer rührend ungeschickten Bewegung, als entschlüpfte er einem Ei, erhebt er sich aus seiner Asche.

Frieda Lawrence fuhr ohne Lorenzo nach Mexiko, auf die kleine Farm, die Mabel ihr geschenkt hatte. Die Vorstellung, es fliege da ein Vogel zur Schlange zurück, das Opfer stelle sich nochmals dem gelehrten Henker, die Vorstellung könnte erschrecken. Zu unsrer Beruhigung denken wir an eine Stelle in Mabels Buch, wo es heisst: „Doch steht ein für allemal fest, dass Frieda und ich während dieser Zeit" (als Lawrence sich bei den Apachen aufhielt) „befreundet waren und es auch weiterhin hätten bleiben können, wenn Lawrence weggeblieben wäre".